Taslima Nasrin

Lied einer traurigen Nacht

Frauen zwischen Religion und Emanzipation

Aus dem Englischen
von Eva Wandel

WILHELM HEYNE VERLAG
MÜNCHEN

HEYNE SACHBUCH
19/523

Titel der in Bangladesch erschienenen Originalausgaben:
NIRBACHITO COLUMNS, NASTA MEYER NASTA
GODDO, CHOTO CHOTO DUKHO KOTHA

Umwelthinweis:
Dieses Buch wurde auf
chlor- und säurefreiem Papier gedruckt.

Ungekürzte Taschenbuchausgabe
im Wilhelm Heyne Verlag GmbH & Co. KG, München

Printed in Germany 1997
Lektorat: Tania Schlie
Umschlagillustration: dpa, München
Umschlaggestaltung: Atelier Adolf Bachmann, Reischach
Druck und Verarbeitung: Ebner Ulm

ISBN 3-453-12298-4

Inhalt

Vorwort zur Taschenbuchausgabe

Ich wurde in eine muslimische Familie hineingeboren. Als Heranwachsende versetzte es mir einen Schock, zu erfahren, daß einige unserer Nachbarn nicht die tatsächlichen Besitzer ihrer Häuser waren. Die eigentlichen Besitzer waren Hindus, die 1947 aufgrund der religiös bedingten Abspaltung Pakistans von Indien gezwungen worden waren, ihr Heimatland zu verlassen. Gleich jenseits der Grenze befand sich das Land der Hindus. Die gewaltsame, brudermörderische Abspaltung hatte viele hinduistische Familien gezwungen, ihr Land zu verlassen und Zuflucht im Nachbarland zu suchen. Ich hörte, die Religion sei es gewesen, die zu diesen Katastrophen geführt hatte.

Ich hatte Frauen gesehen, die das Haus nicht verlassen durften. Frauen durften außerhalb des Hauses weder studieren noch arbeiten. Sie wurden von ihren Männern geschlagen. Ich hatte gesehen, daß Männer sich mit vier Frauen im gleichen Haus vergnügten und daß die Frauen wie Sklavinnen behandelt wurden. Ich hörte, die Religion sei es, die den Männern Macht über die Frauen verlieh. So war es nur folgerichtig, daß ich als junges Mädchen nicht verstehen konnte, was Religion eigentlich war, welche Denkweise zu derart negativen Handlungen führen konnte.

In meiner Kindheit und Jugend lernte ich auch einige verdienstvolle Seiten der Religion kennen, zum Beispiel ihren fördernden Einfluß auf den Gebieten der Malerei, der Bildhauerei und der Literatur. Ich beobachtete jedoch auch, wie häufig die Religion mißbraucht wurde. Kann man die Streitigkeiten und die vielen Kriege und Plünderungen, die die Religion in so vielen Ländern toleriert, wirklich vergessen? Ist es nicht eine Tatsache, daß ein Papst die Weltkarte in Stücke riß und die einzelnen Fetzen dann verschiedenen imperialistischen Gruppierungen gab, als Lizenz für die Kolonisierung und Missionierung von Asien, Afrika oder Lateinamerika? Selbst Europa blieb nicht verschont. Der Islam breitete sich inzwischen mittels Feuer und Schwert in verschiedenen Gebieten der Welt aus. Als Heranwachsende wurde ich also gleichermaßen auf die dunkle und auf die helle Seite der Religion aufmerksam. Die großartigste Philosophie bestand für mich allerdings darin, die Menschheit zu lieben. Für eine Religion Blut und Tränen zu vergießen fand ich dagegen schrecklich.

Im Laufe der Zeit und während meiner naturwissenschaftlichen Ausbildung entwickelte ich die Fähigkeiten des Beobachtens, Experimentierens, Analysierens und Schlußfolgerns. Ohne stichhaltige Argumente sollte man, so fand ich, nichts als Tatsachen akzeptieren. Ich wußte von den religiösen Texten der

Hindus, die man *Aptabakya* nennt, ›empfangene Weisheit‹, und die Tatsachen wiedergeben, die angeblich von einer höheren Autorität übermittelt wurden, einer Autorität, die man nicht in Frage stellen kann. Ähnliche unanfechtbare Dogmen gibt es in jeder Religion. Aber ich konnte die Vorstellung, daß manche Dinge unbestreitbar sein sollen, nicht akzeptieren. Als ich anfing, den Koran, das heilige Buch des Islam, zu studieren, erfuhr ich voller Verwunderung, daß ›die Sonne sich um die Erde dreht‹, nur ein weiteres Beispiel für Unvernunft. Außerdem lehrt der Koran die Diskriminierung der Frau, indem er Frauen als Sklavinnen und als Sexualobjekte darstellt. Selbstverständlich legte ich den Koran beiseite. Doch ich machte weiterhin die Beobachtung, daß die Religion, wo ich auch hinsah, Menschen unterdrückte. Eines Tages beschloß ich, mich zu wehren. Ich griff zum Stift und begann, gegen Ungerechtigkeit, Unvernunft und Vorurteile zu schreiben. Ich deckte die Verbrechen der Religion auf, insbesondere die Unterdrückung der Frauen und die Ungerechtigkeit gegen sie. Und mit welchem Ergebnis? Ich wurde gezwungen, meine Freunde, meine Familie, mein Zuhause und mein Heimatland zu verlassen.

Noch aus anderen Gründen bin ich gegen die Religion. So, wie sie praktiziert wird, lehrt sie die Menschen nicht immer, einander zu lieben. Im Gegenteil, häufig hält Religion dazu an, Menschen mit anderem Glauben zu hassen. Außerdem leitet sie dazu an, sich dem Schicksal zu fügen und sich führen zu lassen, so daß die Gläubigen das Selbstvertrauen verlieren, eigene Entscheidungen treffen zu können. Die Religion glorifiziert unnötig Armut und Opfer und dient so den Interessen der wenigen Reichen.

In allen Ländern und Zeitaltern haben gewissenhafte Menschen die unmoralischen Aspekte der Religion bloßgelegt. Auch heute noch führen wir diesen Kampf gegen Unvernunft und Vorurteile. Der Aufstieg des Fundamentalismus überall auf der Welt zeigt, daß dieser Kampf weiterhin dringend notwendig bleibt. In einer Diskussion an der Harvard University, die in diesem Jahr stattfand und in der es um das Anwachsen des religiösen Fundamentalismus ging, bemerkte ich, daß die Welt jetzt, nach dem Ende des Kalten Krieges, mit einer neuen Auseinandersetzung konfrontiert ist, und zwar mit dem Kampf zwischen Säkularisierung und Fundamentalismus. ›Ich stimme nicht mit denen überein‹, sagte ich, ›die meinen, der Konflikt bestehe einfach zwischen zwei Religionen – nämlich zwischen dem Christentum und dem Islam. Schließlich gibt es in jeder religiösen Gemeinschaft Fundamentalisten. Ebensowenig stimme ich denen zu, die glauben, die Kreuzzüge des Mittelalters würden sich bald wiederholen. Ich sehe die Auseinandersetzungen auch nicht als Konflikt zwischen Ost und West an. Meiner Meinung nach spielt sich der Kampf im Grunde zwischen dem rationalen, logischen Verstand und dem irrationalen, blinden Glauben ab. Für mich ist es ein Konflikt zwischen Modernität und Antimodernismus. Während manche Menschen vorwärtsgehen wollen, versuchen andere, rückwärts zu gehen. Es ist ein Konflikt zwischen Zukunft und Vergangenheit, zwischen Innovation und Tradition, zwischen Menschen, die die Freiheit schätzen, und solchen, die das nicht tun.‹

Was steht hinter dem Anwachsen des religiösen Fundamentalismus? Der Aufstieg des Islam ist meiner Meinung nach der Tatsache zuzuschreiben, daß die säkulare Demokratie auf der einen und der Kommunismus auf der anderen Seite es nicht geschafft haben, die Probleme der ökonomischen Unterentwicklung in der Welt und der damit einhergehenden sozialen Ungleichheit zu lösen. Desillusionierte und hoffnungslose Menschen suchen jetzt Rettung, indem sie sich den blinden Mächten des Glaubens zuwenden.

Von der Wissenschaft geschlagen und von anderen Kulturen überwältigt, sucht der Islam jetzt nach seinen ›Wurzeln‹. In dieser Suche liegt ein Element von Angst. Selbstverständlich sollte die Verantwortung für die Aufhetzung zum Fundamentalismus nicht ganz und gar auf die sogenannten weltlichen Führer der ehemaligen Kolonien abgewälzt werden, die ihn für ihre eigenen Interessen benutzten, sondern die demokratischen, säkularen Industrienationen sollten sich ebenfalls dafür verantwortlich fühlen. Sie sind es, die Kompromisse mit den fundamentalistischen Kräften eingegangen sind. Wir haben gesehen, wie die säkularen politischen Parteien in Bangladesch die religiösen Gefühle der Wähler ausnutzen, um Stimmen zu erhalten. Aber ähnliche Beispiele für reinen Opportunismus waren auch in Indien und anderswo zu beobachten.

Ebenso haben wir miterlebt, wie die mächtigen westlichen Staaten den Schutz der Menschenrechte zu einem ihrer obersten Ziele erklärten, dann aber den Fundamentalismus sowohl offen als auch heimlich unterstützten. Demokratische Regierungen erkennen aus kurzfristigem politischem Interesse Militärdiktaturen an. Säkulare Staaten freunden sich sowohl mit Autokratien als auch mit Theokratien an. Sie dulden sogar das völlig unmenschliche Verhalten ihrer eigenen Fundamentalisten. Diese Doppelmoral, nach der sogenannte demokratische und säkulare Staaten im Inland und im Ausland handeln, verschafft den Fundamentalisten eine Art Legitimation. Und schließlich müssen die Regierungen dem Druck der Fundamentalisten nachgeben, sie müssen Bücher verbieten und Regelungen treffen, um deren Autoren ins Gefängnis zu schicken.

Einige Schriftsteller im Westen bieten den Fundamentalisten ihre Unterstützung an. Sie argumentieren, daß nicht alle in der Dritten Welt gängigen Sitten und Gebräuche schädlich für Frauen sind. Sie erblicken in den orientalischen Ländern eine Art Stabilität und sozialen Frieden. Selbst *Harems* sind ihrer Meinung nach nicht unbedingt schlecht für Frauen, da sie ein gewisses Maß an Autonomie und Unabhängigkeit bieten! Lassen Sie mich ganz bescheiden feststellen, daß das alles barer Unsinn ist. Für mich kann es, was das Konzept der Menschenrechte angeht, zwischen Ost und West keinen Unterschied geben. Wenn der Schleier für Frauen im Westen unzumutbar ist, dann ist er das auch für ihre Schwestern im Osten. Wenn das Patriarchat im Westen bekämpft werden soll, muß es im Osten gleichermaßen bekämpft werden. In den östlichen Ländern ist der Kampf sogar noch dringlicher, weil die große Mehrheit der Frauen weder eine Ausbildung noch wirtschaftliche Unabhängigkeit besitzt. Wenn eine zeitgemäße, säkulare Ausbildung für Frauen im Westen erstrebenswert ist, warum sollte sie den Frauen im Osten dann vorenthalten werden? Der Frieden, den einige Schriftsteller in den Ländern des Ostens zu sehen meinen, ist eindeutig eine Grabesruhe.

Wir können den Fundamentalisten nur mit einem unnachgiebigen und kompromißlosen Kampf entgegenarbeiten. Dieser Kampf sollte sowohl auf theoretischer als auch auf taktischer Ebene geführt werden. Demokratie und Säkularisierung sollten praktisch angewandt werden und nicht ein bloßes Spiel mit Worten bleiben. Der Fundamentalismus ist eine Ideologie, die Menschen von dem Pfad der natürlichen Entwicklung des Bewußtseins abweichen läßt und ihre persönlichen Rechte untergräbt. Es ist mir nicht möglich, diese Ideologie als Alternative zu säkularen Ideen zu akzeptieren. Meine Gründe sind folgende: Erstens das Beharren der Fundamentalisten darauf, daß es eine göttliche Rechtfertigung für menschliche Gesetze gibt; zweitens ihr Beharren darauf, daß dem

Glauben – im Gegensatz zur Vernunft – die oberste Autorität zukommt; drittens ihr Beharren darauf, daß der Einzelne nicht zählt, daß das Individuum unerheblich ist. Die Tatsache, daß Gruppenloyalität größere Bedeutung hat als individuelle Rechte und persönliche Leistungen, ist ein eigentümliches Merkmal des Fundamentalismus. Fundamentalisten sind Anhänger einer ganz bestimmten Lebensweise: sie wollen alle Menschen in ihre spezielle Zwangsjacke stecken und vorschreiben, was man ißt, was man anzieht, wie man sein Alltagsleben gestaltet – alles soll von der fundamentalistischen Obrigkeit bestimmt werden. Fundamentalisten halten nichts von Individualismus, persönlicher Entscheidungsfreiheit oder Pluralismus. Zudem haben sie als Anhänger einer bestimmten Religion nur Interesse daran, ihre eigenen Überzeugungen zu verbreiten (wie das bei Autokraten üblicherweise der Fall ist). Sie ermutigen nicht zu freier Diskussion und beteiligen sich auch nicht daran, sie verweigern anderen das Recht, ihre Meinungen frei zu äußern, und sie können nichts tolerieren, das ihrer Ansicht nach gegen ihren Glauben gerichtet ist. Sie halten nichts von einer offenen Gesellschaft, und obwohl sie sich als moralisch hochstehende Macht ausgeben, ist ihre Sprache von Haß und Gewalt gekennzeichnet. Als wahre Gläubige streben sie danach, die Seelen ihrer Landsleute mit Waffengewalt zu retten.

Die Opfer der islamischen Gesetzgebung sind immer Frauen. Viele Frauen wurden und werden zu öffentlicher Auspeitschung und anderen grausamen, unmenschlichen und erniedrigenden Strafen verurteilt. Viele Frauen werden nach islamischem Recht verurteilt und bestraft, weil sie außereheliche Beziehungen haben. Selbst Frauen, die vergewaltigt wurden, hat man zu öffentlicher Auspeitschung verurteilt. Manche Frauen werden auf dem Scheiterhaufen verbrannt, wenn die Islamisten sie des Ehebruchs für schuldig befunden haben. In einem meiner Gedichte habe ich um Nurjahan geweint, eine junge Frau, die gesteinigt wurde. Mir war, als würden die Mullahs mich selbst steinigen und zu Tode foltern. Aber manchmal bin ich des Weinens müde.

Der Islam ist in Bangladesch zwar Staatsreligion, aber das Gesetz des Landes erlaubt keine islamischen Gerichte und erkennt auch niemandem das Recht zu, *Fatwas* zu verkünden. Die Mullahs jedoch halten Gericht und sprechen Fatwas aus, ohne dafür bestraft zu werden. Diese Praxis ist einer der Hauptgründe für meine Notlage. Hinzu kommt die Tatsache, daß bis jetzt niemand verhaftet wurde, weil er ein illegales Urteil über mich gesprochen hat. Es sieht aus, als würde die Regierung solche Handlungen stillschweigend dulden, denn sie verurteilt solche Attacken nicht, läßt derartige Vorfälle nicht untersuchen und stellt auch diejenigen, die Todesdrohungen aussprechen oder Angriffe auf einzelne Schriftsteller unternommen haben, nicht vor Gericht. Mehr noch: In dem offensichtlichen Versuch, islamische Gruppen zu beschwichtigen, erhob die Regierung gegen mich, nachdem ich von Islamisten denunziert wurde, sogar

Anklage, weil ich angeblich ›die religiösen Gefühle anderer beleidigt‹ hatte.

Solche Dinge geschehen, weil Bangladesch, wie viele andere Länder auch, ein patriarchalisches Land ist, ein Land, das von Männern beherrscht wird. Die Männerherrschaft geht tief und durchdringt alles, insbesondere das gesellschaftliche und persönliche Leben in Bangladesch. Das Patriarchat dort wird von verschiedenen religiösen Verfügungen unterstützt und geregelt. Diejenigen, die darunter am meisten zu leiden haben, sind die Frauen in Bangladesch. Vergewaltigung, Mord, Folter wegen der Mitgift, Säurewerfen aus ›Liebe‹, *talak* (sozusagen die Aufhebungsformel für die Ehe), Fleischhandel, der Handel mit Frauen innerhalb und außerhalb des Landes – es gibt kein denkbares Verbrechen an Frauen, das in Bangladesch nicht verübt würde.

Ist es Rationalisten und Humanisten möglich, diese furchtbare Unterdrückung zu akzeptieren? Der Kampf zwischen Kulturfeindlichkeit und Aufklärung, zwischen Rationalität und religiösem Glauben, ist unvermeidlich. Er muß aber im Bereich der Ideologie ausgetragen werden, auf dem Gebiet der Erziehung, auf politischer Ebene und in allen Bereichen des täglichen Lebens.

Ich habe mein Bestes getan, um der Festung des Patriarchats einen Schlag zu versetzen. Meine Feder war meine Waffe. Mit der bloßen Beschreibung der Entehrung und Entwürdigung, die Frauen Tag für Tag erleiden, gab ich mich allerdings nicht zufrieden. Ich versuchte, die Gründe dafür zu schildern. Ich versuchte, die Schuldigen zu identifizieren. Dazu mußte ich verschiedene Vorschriften und Sitten verletzen, die von dem, was man als Religion ausgibt, legitimiert werden. Sehr bald fing man an, mich anzugreifen. Tausende von Kreuzrittern begannen, ihre Waffen zu schärfen. Die Mehrzahl der politischen Parteien verurteilte mich wortreich, statt meine Sache zu unterstützen. Die Mullahs brandmarkten mich als antiislamisch und verkündeten ihre Fatwas. Die Gläubigen wurden aufgefordert, mich zu ermorden. Man setzte sogar ein Kopfgeld auf mich aus. Und nicht nur das, auch die Regierung Bangladeschs bezeichnet mich als Verbrecherin. Der Grund ist, daß ich die Mängel und Ungerechtigkeiten der Gesellschaft und der Regierung meines Landes enthüllt habe, insbesondere ihr Versäumnis, die Rechte der Frauen und die religiöse Minderheit zu schützen. Die Regierung verbot mein Buch und stellte einen Haftbefehl gegen mich aus, weil ich mich der Blasphemie schuldig gemacht hatte. Ich befand mich in einer verzweifelten Lage. Das Gefängnis war nicht sicher für mich. Ich mußte in den Untergrund gehen. Schließlich zwang der Druck der Menschenrechtsbewegung unsere Regierung, meine Freilassung gegen Kaution zu bewilligen und mir zu gestatten, das Land zu verlassen. Seitdem konnte ich noch nicht wieder nach Hause zurückkehren. Meine Zukunft bleibt ungewiß.

Seit einigen Jahren lebe ich in Europa. Mittlerweile wird mir klar, daß die Stellung der Frau im Westen in mancher Hinsicht der Position der Frauen in meinem Land oder überhaupt in der Dritten Welt gleicht. Natürlich unterschätze ich die Verschiedenheiten nicht, aber ich glaube, wir dürfen die Ähnlichkeiten nicht übersehen. Sie sind besonders wichtig, weil sie mit der grundlegenden gesellschaftlichen Einstellung Frauen, oder genauer gesagt, der Geschlechterproblematik gegenüber, zusammenhängen. An dieser Ähnlichkeit der Einstellungen liegt es, daß ich mich bei den Frauen in Europa problemlos wohl fühlen kann, obwohl ich aus einem ganz anderen Land komme. Mir wird jetzt klar, daß es uns überall genauso ergeht, im Osten und im Westen, im Norden und im Süden. Diese Schwesternschaft ist universell, das ist Teil meiner persönlichen, subjektiven Erkenntnis.

Die Wurzeln dieser Ähnlichkeit liegen in der Tatsache, daß wir alle Frauen sind. Wir sind die Gefangenen des Patriarchats. Wir alle, die wir in patriarchalischen Gesellschaften leben, haben unter verschiedenen Arten von Ausbeutung zu leiden, die in den einzelnen Gesellschaften unterschiedlich aussehen können; ihr Wesen aber bleibt gleich. Trotz aller Fortschritte in Bildung und Kultur befürworten die meisten Männer immer noch die traditionellen Vorstellungen des Patriarchats. Alle großen Leistungen, die Frauen auf den Gebieten der Bildung, der Kultur, der Kunst und der Naturwissenschaften vollbracht haben, vermochten die alten Vorurteile in der männlichen Psyche nicht auszurotten. Es stimmt, viele Männer stehen den Frauen in ihrem Kampf um Rechte und Respekt zur Seite. Aber im ganzen gesehen bleibt die Haltung der Männer unverändert. Männer können Frauen im allgemeinen immer noch nicht als ebenbürtig betrachten. Im Westen wie im Osten ist dafür in hohem Maße die Religion verantwortlich. Das wurde sehr deutlich, als die katholische Kirche den islamischen Fundamentalisten Westasiens und Afrikas die Hand reichte, um der Familienplanung und der Empfängnisverhütung den Kampf anzusagen. Institutionalisierte Religionen haben immer noch großen Einfluß auf Gesellschaft, Familie und persönliche Beziehungen.

Meiner Ideale wegen wurde ich zur Zielscheibe des Patriarchats und der religiösen Orthodoxie. In meinem Land ist es Frauen nicht erlaubt, ihre Meinung zu vertreten. Es heißt, je mehr eine Frau schweigt, desto besser ist sie. Es besteht eine ständige Verschwörung, Frauen taub und stumm zu machen. Ich werde sie niemals akzeptieren. Komme was wolle, ich werde bis zu meinem Tode von Herzen meine Meinung wagen. Ich werde mich niemals zum Schweigen bringen lassen.

Ich habe einen Traum, einen Traum von einem säkularen Land, das Gleichheit und Gerechtigkeit bietet. Ich werde weiterkämpfen, bis mein Traum Wirklichkeit wird. Ich werde niemals Kompromisse mit denjenigen schließen, die verlangen, daß ich mich ihnen unterwerfe, und ich werde auch nicht vor ihnen kriechen. Ich werde weiterhin für die Ideen und die Ideale kämpfen, für die ich mich so lange eingesetzt habe, nämlich für meinen Glauben an das Grundrecht der Menschen, sich mündlich oder schriftlich zu äußern; an gleiche Rechte für Frauen in jedem Lebensbereich; und an den Aufbau einer Gesellschaft, in der alle anständig behandelt werden.

Mai 1997 *Taslima Nasrin*

Vorwort

Die hier vorliegenden Texte stellen eine Auswahl aus Kolumnen dar, die zuerst in Tages- und Wochenzeitungen in Bangladesch veröffentlicht wurden und anschließend in verschiedenen Sammelbänden in Bangladesch und Indien erschienen.

Durch die Veröffentlichung meiner Texte in Buchform gewann ich einerseits Freunde, schaffte mir aber andererseits auch Feinde. In Indien wurde mir ein angesehener Literaturpreis verliehen, in Bangladesch dagegen wurde ich zur Zielscheibe einer Haßkampagne der muslimischen Fundamentalisten. Sie verfolgten mich mit ihren Schwertern, verbrannten meine Bücher, zerschlugen die Bücherstände und demonstrierten für das Verbot meiner Bücher. Sie bedrohten mich, bewarfen mich mit Steinen und griffen mich auf andere Weise körperlich an. Außerdem verklagten sie mich vor Gericht. Doch ich ließ mich nicht einschüchtern.

Ich hörte nicht auf zu schreiben, sondern äußerte mich weiterhin gegen die Benachteiligung der Frauen in Bangladesch, gegen die Unterdrückung und Diskriminierung von Frauen und Mädchen durch die Religion, durch eine rückständige Gesellschaft und durch den Staat. Meine Absicht war es, das Leid der Frauen zu lindern und ganz aus der Welt zu schaffen. Doch das wurde von den Fundamentalisten als Verbrechen angesehen, und das Ergebnis war, daß die Fatwas gegen mich verkündet wurden und daß die Regierung von Bangladesch mich ins Gefängnis stecken wollte. Sie versuchten, mich am freien Denken zu hindern, und wollten meinen Protest gegen Ungerechtigkeit und Ungleichheit ersticken.

Inzwischen lebe ich im Exil, weit entfernt von meinem Heimatland. Doch mein Erfolg besteht darin, daß die Frauen nun allmählich aufwachen, daß ihnen bewußt wird, daß sie Rechte haben und welche Rechte das sind.

Ich glaube nicht, daß ich mit diesem Buch eine fortschrittliche oder neuartige Feminismustheorie aufstelle. Es ist nichts weiter als eine Zusammenstellung von Zeitungskolumnen. Doch es kann vielleicht ein wenig Information bieten und die Augen dafür öffnen, wie die armen Frauen in einem weit entfernten Land leben.

Berlin, im Dezember 1995 *Taslima Nasrin*

Sie freuten sich an meinem verbrannten Arm

Ich war damals achtzehn oder neunzehn. In der Stadt Mymensingh war gerade die Matinee im Kino zu Ende. Rikschas standen wartend in einer Reihe, und ich nahm eine. Im Gedränge kam die Rikscha nur langsam voran und mußte gelegentlich halten. Bei einem Stopp spürte ich plötzlich einen stechenden Schmerz auf meinem rechten Arm. Ich sah, daß ein Junge von zwölf oder dreizehn Jahren mir eine brennende, halb gerauchte Zigarette auf den Arm gedrückt hatte. Der Junge trug ein Hemd und ein *lungi*, ein langes, um die Hüfte gewickeltes Tuch, das traditionelle Beinkleid. Ich kannte ihn nicht, hatte ihn noch nie gesehen. Ich wand mich vor Schmerzen. Der Junge lachte nur und schlenderte unbekümmert davon. Ich dachte daran, jemanden herbeizurufen oder hinter dem Jungen herzulaufen und ihn zu stellen und dann die Menschen zusammenzurufen und sie zu bitten, über ihn zu urteilen.

Vielleicht haben Frauen einen sechsten Sinn, jedenfalls unternahm ich an diesem Tag nichts, um den Jungen zur Rede zu stellen. Schon damals war mir völlig klar, daß, wenn ich den Jungen erwischen oder die Leute bei der Verfolgung um Hilfe bitten würde, alle sich um mich drängen würden, um die Rundungen meines Körpers und meine Hautfarbe zu betrachten und um meinen Schmerz, meine Schreie, meine Wut und meine Tränen aus nächster Nähe beobachten zu können. Manche würden Mitleid vortäuschen, andere würden sich herablassend erkundigen, was denn passiert sei, wieder andere würden vorschlagen, den Jungen zu fassen und ordentlich zu verprügeln, und noch andere würden nach meiner Adresse, meinem Familiennamen und so weiter fragen. In Wirklichkeit aber würden alle ihr Vergnügen an mir, meiner Hilflosigkeit und meiner Unsicherheit haben. Während sie vorgeben würden, sich meinen verbrannten Arm anzusehen, würden sie in Wirklichkeit meinen wohlgeformten bloßen Arm begaffen. Und wenn ich dann fort wäre, würden meine Wohltäter hinter mir herpfeifen. Alle diese Überlegungen führten dazu, daß ich meinen Schmerz verbarg.

Die Brandnarbe, das Zeichen der Unterdrückung, trage ich immer noch auf meinem rechten Arm. Was nützt es, dem ungebildeten Jungen Vorwürfe zu machen, wenn selbst die Gebildeten nicht frei von Schuld sind? Einmal kniff direkt vor meinen Augen ein Junge eine meiner Freundinnen in den Oberschenkel und rannte fort. Ein unbekannter Jugendlicher zog am Schleier meiner Schwester und floh. In der Menge lauern Hunderte von schwarzen Händen, die darauf warten, die Brust oder die Hüfte einer Frau zu berühren. Diese Hände gehören keineswegs alle zu ungebildeten Männern.

Gegen all das protestiere ich nicht. Im Gegenteil, ich

schätze mich glücklich, daß mir bis jetzt noch niemand mit einer Säurebombe das Gesicht verbrannt und mich blind gemacht hat. Ich habe Glück, daß ich noch nie von einer Bande von Männern vergewaltigt worden bin. Ich habe Glück, daß ich noch lebe. Das Verbrechen, mit dem ich mir diese Verfolgungen zugezogen habe, besteht darin, daß ich eine Frau bin. Meine Bildung, mein Geschmack und meine Intelligenz haben es nicht fertiggebracht, mich zu einem wirklichen Menschen zu machen. Ich bleibe nur eine Frau. In diesem Land können auch noch so große Fähigkeiten eine Frau nicht auf die Ebene eines menschlichen Wesens erheben. Ich weiß, daß viele Menschen, die obersten Bürger dieses Landes, kultivierte Menschen, einhellig der Meinung wären, es sei meine persönliche Angelegenheit, daß mir der Arm verbrannt wurde. Indem sie den Vorfall auf das »Persönliche« reduzieren, wollen sie der Verantwortung aus dem Weg gehen. Nicht nur ich, sondern alle Frauen, die einen Schritt vor ihre Haustür machen, müssen darauf gefaßt sein, auf der Straße obszöne Kommentare zu hören. Jede Frau weiß, daß ein unbekannter junger Mann auf ihr Kleid spukken und mit verächtlichem Lächeln davonspazieren darf. Sie ist auf alles vorbereitet, auf Säure, Raubüberfälle, Entführung, Vergewaltigung und Mord. Es ist nicht ungewöhnlich, daß Menschen sie mit Steinen bewerfen, wenn sie auf die Straße geht. Ein fortgeworfener Zigarettenstummel setzte einmal den Sari eines jungen Mädchens in einer Rikscha in Brand, und sie mußte halbnackt nach Hause zurückkehren. Viele Leute in dieser Stadt freuen sich an einer derartigen

Geschichte. Früher lebten die Menschen in Höhlen und begruben ihre weiblichen Kinder lebendig. Seit damals ist eine lange Zeit vergangen, aber das Denken der Menschen hat keine großen Fortschritte gemacht.

An verschiedenen Plätzen von Mymensingh, insbesondere vor Mädchenschulen, Colleges und Kinos, hing früher ein Schild an Holzpfählen, auf dem stand: »Wenden Sie sich an die Polizeistreife, wenn Männer Sie belästigen.« Diese Regelung war nicht lange in Kraft. Rowdies lehnten sich an die Schilder und pfiffen den Mädchen nach, die in die Schule gingen oder herauskamen. Am absurdesten war jedoch, daß die Schulmädchen einmal diese Männer um Hilfe bitten mußten, als eine Polizeistreife sie belästigte.

Todeswunsch

Manchmal befällt mich das Verlangen, mit Opium Selbstmord zu begehen. Wenn ich Opium nehme, werde ich durch den Himmel schweben und in den Wolken spielen, und während ich so spiele, werden plötzlich die Schrauben aus der Maschine, die mein Körper ist, herausgedreht und ich liege bewegungsunfähig da, ohne es zu merken.

Ich sehne mich oft sehr danach, meinem Leben ein Ende zu setzen. Als Kind habe ich einen Nagel in eine Steckdose gehalten, um auszuprobieren, wie sich der Tod anfühlt. Wenn ich das Meer betrachte, überkommt mich die Sehnsucht, weit hinauszuschwimmen, um zu fühlen, wie die Wellen gegen meinen Körper schlagen. Wenn ich mir vorstelle, in einem neuen Mercedes Benz zu sitzen, möchte ich mit geschlossenen Augen und zugehaltenen Ohren auf das Gaspedal treten.

Auch wenn ich sterbe, wird morgens die Sonne aufgehen, nach dem Mittag wird der Abend kommen, und nach der Abenddämmerung wird die Dunkelheit der Nacht die Erde einhüllen. Wenn ich sterbe, werden meine Verleumder lachen und sich vor Freude auf die Schenkel schlagen. Und wie lange werden meine Gönner sich grämen? Nicht lange.

In dieser Stadt gibt es viele Menschen, die um mein Wohlergehen bemüht sind, doch die Zahl meiner Verleumder ist nicht viel kleiner. Bedrohlich stürzen sie sich auf mich, sobald ich einen kleinen Fehler begehe. Sie graben die Erde unter meinen Füßen auf, sobald sie in meinen Schritten Stärke bemerken. Hat irgend jemand durch mich auch nur den geringsten Verlust erlitten? Nein, das ist es nicht. Es ist bloß so, daß niemand den Arm um mich legt, wenn ich ausgehe. Ich verstecke mein Gesicht nicht an einer Männerbrust, wenn ich mitten in der Nacht schlecht träume, und das kann niemand tolerieren. Und weil sie es nicht dulden können, öffnen sie ihren Korb und lassen giftige Schlangen in mein Zimmer kriechen, und beim kleinsten Anlaß beschmiert mich die Giftschlange hundertmal mit Blut. Ich habe nur einen Fehler, den ich natürlich als meinen Vorzug betrachte, daß mich nämlich der Anblick des aufgeblähten Hutes einer Kobra nicht im geringsten beunruhigt. Ich bin meinen gesunden Nerven sehr dankbar.

Meine Schuhsohlen sind mit dickem Faden genäht, so daß ich in meinem Leben auf eigenen Füßen stehen kann. Ich kann gut verstehen, daß Männer ein Brennen im Körper verspüren, wenn sie meine Schuhe sehen. Und betrachtet man nicht auch die Frauen mit Neid, die keinen Gedanken daran verschwenden, ob sie vor irgend etwas Angst haben sollten? Mich kümmert das nicht – es ist meine persönliche Angelegenheit. Und wenn es mir egal ist, wenn mich das alles nicht kümmert, was glaubt ihr Männer dann, was ihr für große Götter seid, daß ihr mich etwas lehren wollt?

Deshalb sucht ihr jede Gelegenheit, um mich zu diffamieren.

Meine Eltern sorgen sich sehr um mich. Sie machen sich Gedanken, weil in sechzehn Generationen unserer Familie keine Frau jemals aufgestanden ist und ihre Ketten zerrissen hat. Und keine Frau hat bis jetzt allen männlichen Betrügern ins Gesicht gespuckt. Ich bin mir nicht sicher, ob meine unschuldigen Verwandten nicht vielleicht meinen Tod herbeiwünschen, um nicht länger die üble Nachrede gegen mich ertragen zu müssen. Möglich.

Doch der Wunsch, tot zu sein, der mich in letzter Zeit so heftig überfällt, hat einen anderen Grund. Warum soll ich überhaupt leben, wenn ich nicht ein Leben nach meinen eigenen Vorstellungen führen darf? Mein Todeswunsch ergibt sich aus dieser Frage. Warum soll ich weiterleben, wenn ich mein Leben ganz nach den Wünschen anderer gestalten muß? Warum soll ich mir den ganzen Abend damit verderben, daß ich Konversation mit einem Menschen mache, den ich nicht mag, bloß weil andere ihn mögen? Warum? Weil ich eine Frau bin? Ich bin eine Frau, und deshalb darf ich nicht laut sagen, daß ich das hasse. Ich hasse es, ich hasse es einfach. Dürfen Frauen Gefühle wie Haß nicht haben? Müssen Frauen rein sein, heilig, die großen Dulderinnen?

Ich weiß genau, daß es keinen einzigen Mann in dieser Stadt gibt, der meiner würdig wäre. Welchen Mann auch immer ich ansehe, auf die eine oder andere Weise finde ich ihn im Vergleich zu mir unbedeutend und wertlos. Es gibt keinen einzigen Mann in dieser Stadt, dem ich ohne Zögern vertrauensvoll meine Hand reichen könnte. Es gibt keinen einzigen vernünftigen Mann in dieser Stadt, dem ich mein Herz völlig öffnen könnte, um ihm zu sagen: Ich liebe dich. Kein Mann in dieser Stadt weiß meine Begabung zu würdigen. Keiner weiß die Schönheit meiner Intelligenz und meiner Gedanken zu schätzen. Keiner kann an mein Wissen und meinen Verstand heranreichen.

Bei keinem Mann finde ich den Mut, meine Freiheit anzutasten. Kein Feigling soll sich unterstehen, mich zu lieben! Ich kehre immer wieder zu meinem Thema zurück. Weil ich eine Frau bin, gehen meine Erfahrungen, meine Erkenntnisse und meine Überzeugungen alle Frauen etwas an, denn jede Frau soll ein gutes, ausgefülltes Leben führen können, und keiner Frau sollen Luft und Wasser zu einem lebenswerten Leben fehlen.

Wenn es aber an der Luft fehlt, die man zu einem lebenswerten Leben braucht, warum soll man dann überhaupt am Leben bleiben? Ist ein Weiterleben mit hängendem Kopf so wünschenswert, daß Frauen es ohne jede Scham anstreben?

Mein Vater hat seinen Medizinstudenten früher beigebracht, daß Opium zu einem friedlichen Tod führt. Sobald ich die Augen schließe, höre ich seine Stimme: »Wenn man Opium nimmt, schläft man sanft ein.« Mein Vater war ein sehr guter Lehrer. Er lehrte seine Studenten, daß man sich fühlt, als würde man durch die Wolken schwimmen, mit endlosem blauen Himmel vor sich, wenn man Opium nimmt.

Manchmal habe ich ganz plötzlich den Wunsch, so zu sterben. Aber es ist nicht wahr, daß ich deswegen weniger Kraft in den Fäusten hätte, um Verschwörern ins Gesicht zu schlagen. Andere Frauen haben dieselbe Kraft wie ich, sie müssen sich nur erheben, um die Verschwörung zu zerschlagen. Warum sollten nicht auch andere Frauen in diesem Land sich erheben, wenn ich es doch kann?

Frauen, befreit euch aus den Fängen der Angst

Ich gehöre keiner politischen Partei an. Ich stehe für mich. Ich gehöre keiner Organisation an, keiner Gesellschaft, keinem Ausschuß. Ich schreibe allein, und ich bin allein verantwortlich für das, was ich schreibe. Ich habe niemanden hinter mir, der mich vor allen Gefahren schützt, und ich habe mich auch nie darum bemüht, einen Kreis von Bewunderern um mich zu scharen.

Ich bin in dieser Welt mutterseelenallein. Andere Schriftsteller sind weniger allein. Ich kenne einen »Feministen«, einen Mann, der Texte zum Wohle der Frauen veröffentlicht. Ich unterstütze alles, was uns zum Wohl dient. Wenn jedoch eine solche Organisation eine andere Kraft, die ebenfalls um das Wohl der Frauen bemüht ist, behindert, dann kommen mir Zweifel an ihren Zielen. Zwangsläufig gelange ich zu dem Schluß, daß es diesem Mann oder seiner Organisation mehr um das eigene Wohl geht als um das der Frauen. Vielleicht gelangt er durch seine Aktionen zu Ruhm oder Reichtum, aber bewegen tut er gar nichts.

An Kräften, die mich behindern oder mich ganz aus dem Weg schaffen wollen, herrscht in diesem Land kein Mangel. Mitglieder der fundamentalistischen Partei haben von der Regierung meine exemplarische Bestrafung gefordert. Das überrascht mich nicht, denn ich protestiere gegen haltlose und unlogische Aussagen zu religiösen Themen, und da sie die Religion als ihren »Privatbesitz« betrachten, werden sie weiterhin verlangen, daß ich bestraft werde – heute, daß ich bestraft werde, und morgen, daß ich gehängt werde. Nein, das wundert mich überhaupt nicht. Wenn allerdings die sogenannten progressiven Kräfte die Arena betreten und mich (unter Pseudonym) attackieren, wenn ich ganz deutlich ihre häßlichen, bösartigen Fratzen erkenne – dann bin ich höchst erstaunt.

Ich bin nur eine gewöhnliche Schriftstellerin. Ich schreibe für leidende, erniedrigte, geknechtete und gequälte Frauen. Da mit sanften Worten nichts zu erreichen ist, verwende ich eine derbe, deutliche Sprache. Verleumder bezeichnen das als »Männerfeindlichkeit«. Auf einen Menschen, der meine Bücher schätzt, kommen hier hundert, die sie hassen. Doch ich erwarte in diesem Land, in dem Obskurantismus und Analphabetentum herrschen, auch nicht viel Anerkennung.

Und wenn es geschieht, warum nicht? Ich bin allein. Einen alleinstehenden Menschen zu vernichten kostet nicht viel Zeit oder Energie. Niemand hat Angst davor, eine Frau zu mißhandeln, die allein ist, denn solange sie zu keiner Partei und keiner Organisation gehört, ist Gegenwehr nicht zu befürchten. Wenn gegen eine Einzelperson Verleumdungen verbreitet werden und diese Verleumdungen schnell um sich greifen, dann ist kein Gegengerücht in der Lage, ihnen Einhalt zu gebieten. Es erfordert keine allzu große Kühnheit, eine einzelne Person an der Kehle zu packen und zuzudrücken.

Vielleicht ist es die Macht der Gewohnheit, der Herdentrieb, der die Menschen der Mehrheit folgen läßt. Vielleicht betrachten sie sich einfach als so schwach, daß sie sich den »Starken« unterwerfen, daß sie Schutz und »Zuflucht« suchen müssen.

Ich bin allein. Ich bin stolz darauf, daß ich allein bin – ich bin keine gekaufte Schriftstellerin. Die »gekaufte Mehrheit« interessiert mich nicht – ich bin allein, und ich verlasse mich auf meine eigene Kraft. Ich spucke allen Verleumdern ins Gesicht und stelle mich allen bösen Kräften entgegen. Wenn man stark ist, kann man auf diese Weise selbständig sein, für sich stehen, ohne sich irgendwo anzulehnen.

Zweifel und Angst sind die größten Feinde einer Frau. Der Zweifel lähmt ihre Beine, die Angst verwirrt ihre Gedanken. Sie bleibt passiv, weil jemand sie tadeln könnte. Mit dem Messer des Zweifels schneidet eine Frau sich in hundert Stücke. Oder sie wird vor Angst ganz blaß, und man betrachtet diese neue Färbung fasziniert und gibt verschiedene Erklärungen für ihre blasse Schönheit ab.

Frauen, befreit euch aus den Fängen der Angst und zeigt euren Stolz! Laßt euch nicht hängen wie parasitäre Schlingpflanzen, sondern richtet euch auf wie ein mächtiger Baum mit kraftvollen Wurzeln. Eine einzelne Frau kann wachsen und sich entfalten, und gemeinsam können wir einen ganzen Wald entstehen lassen!

Zweierlei Maß

Für eine Frau ist ein schlechter Ruf vom Wesen und von den Konsequenzen her viel gefährlicher als für einen Mann. Nehmen wir als Beispiel einmal an, ein Mann habe eine gewisse Neigung zur Undiszipliniertheit. Er macht sich nicht die Mühe, zur rechten Zeit und wie es sich gehört zu baden oder seine Mahlzeiten einzunehmen. Er ist nicht häuslich. Er wandert ziellos durch den Tag. Wenn man mit diesen Worten einen Mann beschreibt, erweckt man Mitgefühl für ihn, spricht man aber so von einer Frau, dann rümpfen die Zuhörer mißbilligend die Nase.

Jede Frau muß Tag für Tag pünktlich ihr Bad nehmen und essen. Sie muß den Schmutz von ihrem Körper tilgen, indem sie sich wäscht und schrubbt. Es sieht merkwürdig aus, wenn eine junge Frau sich große Stücke Fisch oder Fleisch auf den Teller nimmt. Sie muß sich mit einer kleinen Portion zufrieden geben, auch wenn sie davon nicht satt wird. Selbst wenn es nichts gibt, was die Frau im Haus halten könnte, muß sie den Hang zur Häuslichkeit haben. Neben dem regelmäßigen Kochen und Nähen und so weiter muß sie tatkräftig an der Verschönerung des Heims mitwirken. Wozu ist sie denn sonst da!

Es macht nichts, wenn ein Mann keine Bindung an sein Zuhause verspürt. Passiert das aber einer Frau, dann verliert sie ihr Gesicht. Bei Männern wird akzeptiert, daß sie den ganzen Nachmittag und Abend in müßigem Geplauder verbringen. Wenn aber eine Frau die Angewohnheit hat, den ganzen Nachmittag zu vertratschen, verliert sie im Haus und in der Gesellschaft ihre Ehre.

Die meisten Männer drehen sich nach Frauen um. Einmal wandte ich den Kopf, um einem gutaussehenden Mann auf der Straße nachzuschauen. Die Verwandte, die mich begleitete, tadelte mich, indem sie sagte: »Frauen dürfen sich nicht nach Männern umsehen. Das schadet ihrem Ruf.«

Ich erwiderte: »Aber die Männer drehen sich doch auch nach uns um.«

Meine Verwandte sagte: »Daß sie den Frauen nachschauen, spielt keine Rolle. Schließlich sind es Männer.«

Man vergibt ihnen, selbst wenn sie, wie man bei uns sagt, sieben Morde verübt haben, weil sie Männer sind. Aber ich darf mich nicht einmal nach einem gutaussehenden Mann umdrehen, denn ich bin eine Frau.

Wenn ein junges Mädchen auf dem Dach ihres Hauses steht und lächelnd mit einem Mann spricht, der auf dem Dach des Nachbarhauses steht, zerreißen sich die Leute nicht über den jungen Mann die Mäuler, sondern über das Mädchen.

Wenn ein junges Mädchen, nachdem sie von einem Mann einen seitenlangen Brief erhalten hat, auf einem kleinen Stück Papier ein Antwortbriefchen schreibt, freut sich der Mann, während das Mädchen Ohrfeigen und Schläge von seinen Eltern einstecken muß.

Nach einem gemeinsamen Spaziergang im Park darf die junge Frau ihr Elternhaus nicht fröhlich betreten, während der junge Mann voller Begeisterung nach Hause kommt.

Die Schritte der jungen Frau sind kurz und geräuschlos, sie hält den Atem an, denn wenn die Nachbarn von ihrem Spaziergang mit dem jungen Mann erfahren, kann sie ihnen nicht mehr unter die Augen treten.

Wenn ein Mann und eine Frau die Nacht unter demselben Dach verbringen, entgeht der Mann mühelos allen Vorwürfen, während der schlechte Ruf der Frau sich wie der schwarze Rauch aus einem Fabrikschornstein verbreitet. Die Frau verliert ihre Stellung in Familie und Gesellschaft und ist ruiniert.

Wenn sie ein Verhältnis beginnen, dann muß die Frau nicht nur die gesellschaftliche Ächtung erleiden, sondern sie gerät auch körperlich in Not. Wenn sie schwanger wird, ist der Mann davon nicht betroffen. Er hat keine Verpflichtungen, keine Verantwortung.

Aus der gleichen Handlung ergeben sich für Männer und Frauen unterschiedliche Konsequenzen. Welcher Schmutz auch immer sich wie Staub auf dem Körper des Mannes ansammeln mag, er kann fortgewischt werden, und der Mann kann sauber aus der Sache hervorgehen. Es gibt jedoch nichts, was den Makel abwaschen könnte, der das Gesicht der Frau beschmutzt.

Ich weiß, daß auf jede Aktion eine Reaktion folgt. Diese Reaktion ist je nach Objekt verschieden. Doch ich rede hier nicht von leblosen Gegenständen, auch nicht von Tieren, sondern von Menschen. Warum sollten Reaktionen dann so unterschiedlich sein? Warum sollte nur die Frau unter der Schande leiden, der Mann aber nicht?

Einmal verließ eine Frau das Haus ihres Gatten, der alkoholabhängig war und außerdem sexuelle Beziehungen zu verschiedenen anderen Frauen hatte. Die Frau erwartete, daß die Gesellschaft sie schützen und ihr Zuflucht gewähren würde. Die Eltern gaben ihr zu essen und ein Dach über dem Kopf, aber sie hörten nicht auf, sie zu demütigen, weil sie ihren Mann verlassen hatte. Man glaubt, daß eine Frau nur bei einem Mann in Sicherheit ist, also suchte man schnell einen neuen Mann, ein neues Zuhause für sie.

Die Ehe ist für Frauen ein Lotteriespiel. Ein junges Mädchen erkennt einen Mann als Gatten für das ganze Leben an, ohne zu wissen, ob er monogam oder polygam ist, ob er trinkt, ob er seine Frau schlagen wird, ob er ein Kind zeugen kann und so weiter. Der zweite Ehemann dieser Frau ist geldgierig, barbarisch, gemein und impotent. Die Frau möchte ihre Ketten zerreißen und sich aus dem Haus befreien. Sie würde sich gern an der frischen Luft und dem Licht der Welt draußen freuen. Sie sucht Befreiung von ihrem Höllenleben. Aber sie kann sich nicht befreien, weil sie einen schlechten Ruf fürchtet. Wenn sie das Haus auch dieses Ehemannes verläßt, wird man die Schuld bei ihr suchen, nicht bei ihrem Mann.

Wie unerträglich ein Mann mit der Natur eines Tieres eine Frau auch unterdrücken mag, man wird ihn nicht verantwortlich machen. Die Schuld wird dem Opfer der Unterdrückung zugeschrieben. Wie tyrannisch ein Mann auch sein mag, man wird ihm vergeben, selbst wenn er sieben Morde verübt hat.

Armreifen und andere weibliche Attribute

Wenn ein Mann mit irgend etwas nicht zurechtkommt, gibt es eine recht beliebte Methode, um ihn zu erniedrigen. Man fordert ihn auf, Armreifen zu tragen. Für den Mann ist dies die größte Beleidigung, und für seine Peiniger ist es ein großer Spaß.

Der Ausdruck »Armreifen am Handgelenk« bedeutet nämlich, daß der Mann kein Mann mehr ist, weder stark noch mutig. Er ist kein Mann mehr, sondern eine Frau, denn er hat sich als erfolglos und schwach erwiesen. Jede Frau ist machtlos, inkompetent, wertlos und ineffizient, daher macht Frauenkleidung einem Mann Schande und blamiert ihn. »Armreifen zu tragen« ist eine größere Schande für einen Mann, als zurechtgewiesen oder gefoltert zu werden.

Männer hassen es, auch nur ein bißchen Weiblichkeit anzunehmen. Frauenschmuck an einem Heldenkörper ruiniert das Ansehen seines Trägers und bringt ihm einen schlechten Ruf ein, denn nichts ist schändlicher, als eine Frau zu sein.

Einmal sollte ein Mann für ein schweres Verbrechen bestraft werden. Statt ihn totzuschlagen, überlegten sich einige scharfsinnige Männer, der Schuldige solle zur Strafe gezwungen werden, einen Sari zu tragen und sich Lippen und Stirn mit Farbe zu bemalen. Diese Bestrafung war eine derart große Kränkung für den Mann, daß er anschließend Selbstmord verübte. Ich bin sicher, daß jede andere Strafe ihn nicht in den Selbstmord getrieben hätte. Die Demütigung und die Schande, die die weibliche Erscheinung mit sich bringt, sind ungeheuer groß, doch das ist Männern schwer klarzumachen, es sei denn, sie spüren es am eigenen Leibe.

Wenn andererseits eine Frau Männerkleidung trägt, verliert sie ihre Würde nicht, sie fühlt sich nicht beleidigt und gerät nicht in Versuchung, Selbstmord zu begehen. Männer betrachten weibliche Kleidung als erniedrigend, weil sie Frauen für minderwertig und unbedeutend halten. Nichts bringt einem Mann soviel Schande wie ein weibliches Aussehen. Selbst die Geburt eines Schweines oder eines Geiers erregt nicht solchen Abscheu wie die Geburt einer Frau.

In alten Zeiten verfluchte man Übeltäter, indem man ihnen wünschte, im nächsten Leben als Frau wiedergeboren zu werden. Dieser Fluch war schlimmer als der Fluch, als Ziege oder als Schaf wiedergeboren zu werden.

Es heißt, eine Frau würde ihr Gesicht mit weißem Puder und schwarzem Kajal verschönern. Ich sage dagegen, eine Frau verschandelt sich, wenn sie ihr Gesicht mit *Chunkali** bedeckt. Mit eigener Hand legt sich die Frau Kalk auf die Wangen und Ruß um die Augen.

Normalerweise fühlt man sich beschmutzt, wenn man Kalk und Ruß ins Gesicht geschmiert bekommt. Nicht so diese Frau, sie hat nichts gegen die Verschandelung. Aus gesellschaftlichen Gründen läuft sie wie ein Clown aufgeputzt herum.

Weil sie sich ständig schwarzen Ruß auf die Augen gelegt hat, ist die Frau blind geworden. Ihre Haut ist von der ständigen Berührung mit Kalk gefühllos und taub geworden. Daher weint die Frau nicht, selbst wenn sie geschlagen wird, und wenn ihre Würde verletzt wird, spürt sie es nicht. Und selbst wenn man einer Frau ihren gesamten Besitz raubt, sieht sie das mit ihren blinden Augen nicht.

—✱—

Manchmal schwimme ich im Strom der Poesie. Vor einigen Tagen machte ein Gedicht mich so konfus, daß ich keinen festen Grund mehr unter den Füßen bekam. Das Gedicht heißt *Billig zu haben.*

* *Chun* ist eine weiße Paste, die aus Kalk und Wasser angerührt wird; *kali* bedeutet wörtlich Tinte. »Mit Chunkali einreiben« heißt im übertragenen Sinne sich blamieren und ist als Beleidigung gemeint. (A.d.Ü.)

Billig zu haben

Nichts auf dem Markt ist so billig zu haben wie Frauen.
*Wenn sie ein Fläschchen alta** *für ihre Füße bekommen,*
schlafen sie vor lauter Freude drei Nächte lang nicht.
Wenn sie ein paar Stücke Seife bekommen, um ihre Haut zu schrubben,
und ein bißchen duftendes Öl für ihr Haar,
werden sie so unterwürfig, daß sie Stücke
aus ihrem Fleisch herausschneiden,
zum Verkauf auf dem Markt zweimal wöchentlich.
Wenn sie ein Schmuckstück für ihre Nase bekommen,
lecken sie Füße, siebzig Tage oder so,
und dreieinhalb Monate sogar,
wenn es ein Sari mit Streifen ist.

Selbst der räudige Köter des Hauses bellt hin und wieder,
doch am Mund der billig zu habenden Frauen
hängt ein Schloß,
ein goldenes Schloß.

* *Alta* ist eine rote Flüssigkeit, mit der Frauen in Südasien bei zeremoniellen Anlässen wie Hochzeiten oder Tanzveranstaltungen die Ränder ihrer Füße und die Zehen schmücken. (A.d.Ü.)

Haus, Gefängnis, Religion

Schon zum zweitenmal haben bedeutende Mullahs aus Bangladesch, führende islamische Politiker und Intellektuelle, versucht, mich zu ermorden. Das erstemal wollten sie mich umbringen, weil ich einen Kommentar zu den *Satanischen Versen* von Salman Rushdie veröffentlicht hatte, in dem ich das Recht auf freie Meinungsäußerung für Schriftsteller fordere, und das zweite Mal, weil ich mich gegen das System der *Purdah** ausgesprochen habe. In einer überregionalen Tageszeitung wurde erklärt, daß ich sterben müsse.

Ich bin keineswegs davon überzeugt, daß sie mich nicht eines Tages, unter *»Allahu Akbar«*-Rufen, umbringen werden. Angst habe ich davor überhaupt keine. Schließlich gehe ich auch mit dem Wissen auf die Straße, daß ich einen Unfall haben könnte, und verwende elektrische Geräte in dem Bewußtsein, daß ein Stromschlag tödlich sein kann. Ich werde in dieser Gesellschaft mit dem sicheren Wissen leben müssen, daß sie immer wieder wie eine Kobra ihren Hut aufblä-

* *Purdah:* erstens ein raumteilender Vorhang, hinter dem sich die Frauen aufhalten; zweitens der Schleier zur Verhüllung von Gesicht und Körper der Frau. (A.d.Ü.)

hen und mir mit ihren Giftzähnen drohen wird. Ich weiß nicht, ob es Männer gibt, deren Stimmen noch nicht eingerostet sind, deren Federn noch nicht gelernt haben, Kompromisse zu schließen. Vielleicht gibt es sie, vielleicht gibt es sogar viele von ihnen, aber sie scheuen sich, mir zur Seite zu stehen, weil ich eine Frau bin – obwohl ich für die Wahrheit eintrete.

Vielleicht muß ich dafür büßen, daß ich als Frau zur Welt gekommen bin, indem ich mich ohne Aufsehen und in aller Stille abschlachten lasse.

Meine Freundin

Eine Freundin aus meiner Schulzeit hatte nach Beendigung ihres Studiums eine Arbeit angenommen. Sie hatte in Dhaka keine Verwandten, in deren Haus sie wohnen konnte, um von dort aus zur Arbeit zu gehen, daher mußte sie schließlich in einem Wohnheim für berufstätige Frauen eine Unterkunft mieten. Diese Freundin besuchte mich in den Ferien häufiger. Eines Tages nahmen meine Eltern mich zur Seite, um mir zu sagen, es gehöre sich nicht, daß diese Frau so häufig zu uns ins Haus komme.

»Warum nicht?« fragte ich.

»Die Frau taugt nichts«, meinten sie.

Wieder fragte ich: »Warum nicht?«

Die Antwort lautete: »Anständige Frauen wohnen nicht in solchen Wohnheimen.«

Man urteilt sehr schnell darüber, ob eine Frau gut oder schlecht ist, so wie man auf dem Gemüsemarkt abschätzt, ob eine Gurke etwas taugt oder nicht! Während Mädchen und Frauen wie parasitäre Schlingpflanzen an ihren Eltern festhalten – wobei die Gesellschaft diesen Zustand als tadellose, allen zuträgliche Regelung betrachtet –, hat diese Freundin aus meiner Kinderzeit die Verantwortung auf sich genommen, nach dem Tod ihres Vaters sich selbst und ihre Mutter zu ernähren.

Wie viele Frauen haben solche starken Nerven? Ich weiß, daß nur wenige Frauen in der Lage sind, alle Hindernisse auszuräumen, die ihrer Selbständigkeit im Wege stehen, statt von entfernten Verwandten abhängig zu sein.

Ein Mann, der meiner Freundin schon fünf Jahre lang von seiner Liebe zu ihr erzählt, wich dem Thema Heirat unter fadenscheinigen Vorwänden aus, als eines Tages die Sprache darauf kam. Grund für seine Ablehnung war, daß die Frau nicht unter dem Schutz eines Vormundes stand, so als stünde sie unter dem Schutz eines Regenschirms. Ich bin stolz auf sie, denn sie hat niemanden um einen Gefallen gebeten.

Die Polizei hat meine Freundin am Nacken gepackt und mit Gewalt aus dem Wohnheim hinausgeworfen. Sie schlagen Frauen im Hungerstreik in aller Öffentlichkeit. Wenn der Staat eine Frau hinauswerfen kann, warum sollte die Gesellschaft dann nicht dasselbe tun?

—✱—

An jenem Tag – es ist noch nicht lange her – kam ich allein aus der Klinik zurück. Abends um halb acht war ich mit meiner Arbeit dort fertig geworden. Auf dieser kurzen Strecke wurde meine Rikscha von sechs anderen Rikschas, drei Autos, zwei Motorrollern und vier Mofas aufgehalten. Ich erreichte mein Ziel, nachdem ich mich vor insgesamt fünfzehn gierigen Augenpaaren hatte schützen müssen.

Ich weiß, daß mein Weg uneben ist. Bei jedem einzelnen Schritt muß ich Steine forträumen, die mich am Weitergehen hindern. Das gilt nicht nur für mich, sondern für jede Frau.

Zum Schleier

Mir fällt auf, daß manche Frauen sich heutzutage ein besticktes Stück Stoff von ungefähr zwei oder drei Metern Länge um den Oberkörper wickeln, das ähnlich wie ein Schal aussieht. Nachdem ich viele Frauen gefragt habe, ist mir klargeworden, daß dieses Stück Stoff als Alternative zum Schleier getragen wird. Seine wachsende Beliebtheit in den Städten macht es zu einer Art »Stadtschleier«. In den Dörfern ist der Schleier, der die Frau bis zu den Füßen verhüllt, noch gebräuchlicher. Da der Oberkörper bereits mit dem Rand des Saris verhüllt ist, stellt dieses Tuch nichts als ein zusätzliches Kleidungsstück dar, das man nur als Luxus betrachten kann. In einem Land, in dem es der Mehrzahl der Frauen an ausreichender Kleidung fehlt, erscheint mir dieser Luxus nicht nur unpassend, sondern er unterstreicht auch die Ungleichheit in unserem Gesellschaftssystem.

Die Religion, die Gesellschaft und der Staat haben den Frauen nie den Status zuerkannt, der ihnen gebührt. Die Religion hat die größten Unterschiede zwischen Männern und Frauen geschaffen. Im Koran werden die Frauen des Propheten angesprochen: »Und sitzet still in euren Häusern und schmücket euch nicht wie in der früheren Zeit der Unwissenheit« (Sure 33, Vers 33), und im Hinblick auf alle Musliminnen heißt es: »Und sprich zu den gläubigen Frauen, daß sie ihre Blicke niederschlagen und ihre Scham hüten und daß sie nicht ihre Reize zur Schau tragen, es sei denn, was außen ist, und daß sie ihren Schleier über ihren Busen schlagen und ihre Reize nur ihren Ehegatten zeigen oder ihren Vätern oder den Vätern ihrer Ehegatten ...« (Sure 24, Vers 31).

Doch wenn eine Frau aus dem Haus geht, heißt das nicht, daß sie ihre Schönheit, ihre feinen Kleider und ihren Schmuck Männern vorführt, die nicht zur Familie gehören. Ein verhüllter Gegenstand besitzt immer größere Anziehungskraft als ein offen sichtbarer, das ist eine alte Weisheit.

Bis jetzt ist noch keine Religion in der Lage gewesen, das Verlangen nach verbotenen Früchten, nach dem Geheimen und Unsichtbaren, zu bezwingen. Der Mensch enthüllt und entdeckt die Erde, das Wasser, den Himmel, die Menschheit selbst. Es gehört zur Natur des Menschen, in die Tiefen einzudringen. Es gehört zur Natur des Menschen, nach und nach alle Fesseln und Schleier abzuwerfen.

Männer können schön sein, genauso wie Frauen. Männer kleiden sich gerne gut, nicht anders als Frauen auch. Warum sollen sich dann nur die Frauen verschleiern? Auch wir Frauen sind für die Schönheit und die Kleidung der Männer empfänglich, und die Wissenschaft hat gezeigt, daß die physische Anziehungskraft der Männer auf uns nicht weniger stark wirkt als unsere Anziehungskraft auf sie. Daher sollte der

Schleier auch für Männer obligatorisch sein. Ein Zeitalter, in dem Menschen gezwungen sind, sich zu verhüllen, um den Gewalttaten anderer Menschen zu entgehen, ist zweifellos ein finsteres Zeitalter. Wenn die Finsternis weicht, bilden sich Freundschaften unter den Menschen. Wenn Männer und Frauen friedlich zusammenleben, dann entwickeln sich Freundschaften und Sympathie, und dann brauchen weder Frauen noch Männer sich länger zu verhüllen.

In unserem Land sind die Zeiten der Barbarei vorüber. Finsternis und Unwissenheit sind verschwunden. Im Licht der Wissenschaft bewegt sich die Menschheit auf die Gipfel der Zivilisation zu. Niemand sollte unnötig verschleiert werden. Der Schleier bedeutet, daß man sich des Körpers übermäßig bewußt wird, so daß er besonders attraktiv wird. Es ist an der Zeit, daß man die Leistung eines Körpers höher bewertet als seine Schönheit. Ist denn die Persönlichkeit nicht mehr wert als das Aussehen?

Wenn Männer böse Gelüste haben, dann können diese auch durch die Verhüllung der Frau nicht gezügelt werden. Nirgends in der Welt hat das System der *Purdah*, der Trennung der Geschlechter durch Verschleierung oder Einschließen der Frauen, Vergewaltigung, Entführung und Mord an Frauen verhindert. Eine moderne Welt, die dem Wohl aller Menschen förderlich ist, wird nicht dadurch geschaffen, daß man Frauen die gesamte Verantwortung für den sexuellen Wahnsinn der Männer auflädt, noch indem man sie zwingt, ihren Körper nach religiösen Vorschriften zu verhüllen.

Im Tirmizi Hadith* heißt es: »Eine Frau muß verborgen gehalten werden. Wenn sie aus der Purdah herauskommt, läßt der Satan sie in den Augen der Männer bezaubernd erscheinen.«

Frauen sind, genauso wie Männer, Menschen. Wenn sie bezaubernd wirken, ist es kaum nötig, daß man den Satan bemüht. Ein Mann mit schlechtem Charakter überfällt eine Frau, ob sie nun verschleiert ist oder nicht. In solchen Fällen tragen diese Männer die Verantwortung, nicht Satan. Die angeklagten Männer haben nicht das Recht, als Entschuldigung anzuführen, daß die Frauen nicht verschleiert waren oder sich nicht in dem ihnen zugewiesenen Bereich aufhielten.

Solange die Menschen nicht mehr Bildung haben und Gesellschaft und Politik nicht reformiert werden, werden die machiavellistischen Fundamentalisten unsere Gesellschaft rückwärts drängen, statt sie voranzubringen. Die Menschheit ist zivilisiert geworden, sie hat gelernt, sich der Kleidung zu bedienen. Kleidung kann auf zweierlei Weise verwendet werden – auf gute und auf schlechte. Ein übermäßiger oder unnötiger Gebrauch kann nicht gut sein. Eine Zunahme von Kleidungsstücken auf der einen Seite bedeutet eine Abnahme auf der anderen. Ein Zuviel an Kleidung wird durch einen Mangel an Kleidung anderswo ausgeglichen. Wenn es auf einer Seite zuviel Nahrung gibt, hungert die andere Seite. Auf der einen Seite gibt es

* Die Hadithsammlungen sind Überlieferungen, in denen Taten und Worte des Propheten Mohammed festgehalten sind. Sie sind zusammen mit dem Koran die wichtigsten Glaubens- und Rechtsquellen. (A.d.Ü.)

schöne Paläste – auf der anderen Slums und Bahnhöfe voller Flüchtlinge.

Die Ungleichheit wächst. Sie wächst, weil die Religion Ungleichheit sanktioniert, während die Gesellschaft und der Staat sich nicht dagegen wehren. Die Blume des Bösen wird bestimmt nicht sterben, wenn man sie reichlich gießt.

Dezember

Es ist Dezember. Vor achtzehn Jahren, in einem anderen Dezember, nach neun Monaten Krieg, veranstaltete eine Schar von Kindern, darunter auch ich, im Hof eine Demonstration. Wir riefen: »Sieg für Bengalen!« und hißten an einer Bambusstange ein Stück Tuch, einen roten Kreis auf dunkelgrünem Grund, mit einer gelben Landkarte im roten Kreis.

In der Stadt Mymensingh tötete der Imam der großen Moschee zwischen März und November 1971 eigenhändig Menschen und warf sie in einen Brunnen. Im Dezember holten die Stadtbewohner zahllose Leichen aus dem Brunnen herauf und suchten nach bekannten Gesichtern, und auch meine Verwandten bemühten sich, ihre Lieben wiederzufinden, die während des Krieges verschwunden waren. Die pakistanischen Soldaten hatten unser Geld geraubt und unser Haus niedergebrannt und, bevor sie abzogen, meinen Vater in ihre Gewalt bekommen und ihn mit Stiefeln und Bajonetten mißhandelt und meinem Bruder das rechte Auge herausgerissen. In diesem Monat kehrten drei meiner Onkel, die in den Krieg gezogen waren, zurück, und sechzehn Tage später kam meine einundzwanzig Jahre alte Tante aus einem Lager nach Hause. Die

Nachbarn, die aus dem Krieg zurückkamen, hatten Hände oder Füße verloren. Trotzdem waren ihre Familien außer sich vor Freude über ihre Rückkehr. Das war im Monat Dezember.

Meine Tante war die einzige, deren Rückkehr sich niemand gewünscht hatte. Ich glaube, alle wären erleichtert gewesen, wenn sie nicht wieder aufgetaucht wäre. All die Jahre haben wir mit unseren tapferen Vätern, unseren Brüdern und unseren Onkeln geprahlt und stolz von unseren Lieben gesprochen. Über meine Tante jedoch haben wir nie ein Wort verloren. Heute reiße ich alle Schranken nieder und schreie es heraus, daß meine Tante sechzehn Tage lang von zehn Männern voller tierischer Geilheit in einem dunklen Raum im Lager vergewaltigt wurde. Auf meine Tante war unsere Gesellschaft nicht stolz. Unsere großen Führer haben bei Zusammenkünften oder in Zeitungen viele edle Gedanken über geschändete Frauen von sich gegeben. Doch daß sie die Tapferkeit dieser Frauen lobten, war ein Zerrbild der Toleranz.

Die Zerstörungen des Krieges, die entsetzlichen Wunden, die Stiefel und Bajonette geschlagen haben, selbst den Schrecken des Todes hat man akzeptiert, nicht aber die Vergewaltigungen.

Während draußen die führenden Politiker schöne Reden über unsere geschändeten Mütter und Schwestern hielten, erhängte sich meine Tante, weil sie nur so der Schande entgehen konnte. Das geschah im Monat Dezember.

Eingeschränkte Bewegungsfreiheit

Im Urlaub bin ich durch Indien gereist. Wenn jemand hört, daß ich in Delhi, Agra, Jaipur, Simla und Kaschmir war, werde ich als erstes gefragt: »Und wer hat Sie begleitet?« Ich erzähle begeistert vom schneebedeckten Gulmarg, vom Banihal-Tunnel, von Sesselbahnen im Himalaya, von Jagdhäusern und von Hausbooten auf dem Dal-See. Doch meine Gesprächspartner scheint nur eine einzige Frage zu interessieren: »Wer ist mit Ihnen gereist?«

Darauf antworte ich: »Ich war allein.«

Allein? Kann eine Frau denn allein reisen? Das glaubt mir niemand. Die Zuhörer sind an meinen abenteuerlichen Erlebnissen an der Universität Shantiniketan oder am Meer in Digha oder Kanyakumari nicht mehr interessiert. Ein einziger Gedanke rumort in ihren Köpfen: Wer hat mich begleitet?

Einmal habe ich geantwortet: »Meine Freundinnen Atashi, Krishnakali und Mallika waren dabei.«

»Und wer noch?«

»Sonst niemand.«

»War denn kein Mann dabei?«

»Nein.«

Voller Verwunderung sehen die Leute mich an. Ohne männliche Begleitung sind auch sieben Frauen nicht besser als ich allein.

Wenn dagegen ein Mann meines Alters durch Darjeeling, Simla und Kaschmir gereist wäre, wären alle begeistert gewesen. Sie hätten gesagt: »Welcher Mut! Was für ein ausgezeichneter Geschmack! Welcher Kunstverstand! Was für eine herrliche Reise!«

Nehmen wir einmal an, ich hätte den sehnlichen Wunsch, ans Meer oder in die Sitakunda-Berge oder in den Sal-Wald von Bihar zu fahren, den ganzen Abend mit einem Schnellboot über den Kaptai-See zu rasen oder im Padma zu schwimmen. Was müßte ich in solch einem Fall tun? Mir einen Mann besorgen, der mich begleitet.

Ohne Männer kommen Frauen nicht weit, ganz gleich, wie alt sie sind. Wenn eine Frau in einen Bus steigt, fragt der Schaffner sie: »Wo ist Ihre Begleitung?« Er ist sicher, daß sie von jemandem, und das heißt, von einem Mann, begleitet wird. Nicht weniger peinlich ist es, wenn der männliche Begleiter zufällig nicht der Ehemann oder ein naher Verwandter ist. Unweigerlich tauchen Fragen auf: Wer ist dieser Mann? Welche Beziehung hat er zu der Frau? Sehr bewußt macht man auf diese Weise Frauen von Männern abhängig. Die Ehefrauen und Töchter in Familien der Ober- und Mittelschicht meinen, sie hätten die »Emanzipation der Frau« erreicht, bloß weil sie allein auf den Markt gehen oder Verwandte besuchen.

Tatsächlich aber ist das nicht der Fall. Frauen sind mit sehr starken Ketten gefesselt, und niemand wird sie befreien, wenn sie sich nicht selbst darum bemühen, denn solche hochherzigen Retter gibt es zwar im Märchen, nicht aber im wirklichen Leben.

Heutzutage ist es Mode, daß Frauen Goldkettchen um die Knöchel tragen. Es gibt einen Grund dafür, daß man diese Kettchen erfunden und dafür gesorgt hat, daß Frauen sie tragen. Ihr Klimpern verrät nämlich jede ihrer Bewegungen, so daß man mühelos verfolgen kann, was die Frau gerade tut oder wo sie hingeht. Einfältige Frauen glauben allerdings, die Ketten, die sie in einem besimmten Umkreis gefangenhalten, würden ihre Füße verschönern.

Gewalt in der Ehe

Dieser Vorfall hat sich in Chittagong im Viertel von Agrabad ereignet. Es war an einem Spätnachmittag Mitte Januar, und ich war gerade in der Stadt eingetroffen. Immer wenn ich an einen neuen Ort komme, habe ich keine Ruhe, solange er mir nicht vertraut ist. Dabei ist es aber nicht so, daß das Alte, das Bekannte, keinen Reiz für mich hätte. Ich kenne den Brahmaputra von Geburt an. Jede Biegung und jede Strömung des Flusses, jede Fußspur an seinem sandigen Ufer sind mir wohlbekannt. Trotzdem zieht dieser Fluß mich mehr an als alles andere auf der Welt.

So spazierte ich also durch Agrabad. Auf den ersten flüchtigen Blick hatte ich ein paar zwei- oder dreistökkige Häuser zu beiden Seiten einer mit Schlaglöchern übersäten Straße wahrgenommen. Es war am späten Nachmittag, noch zu früh zum Abendessen, die Zeit der Muße. In dieser Stille hörte ich durchdringende Schreie. Zuerst konnte ich nicht ausmachen, ob sie von einem Tier oder von einem Menschen kamen. Nach angespanntem Lauschen erkannte ich, daß es eine menschliche Stimme war, und nach etwa zehn Minuten war mir klar, daß eine Frau geschrien hatte, die nun weinte. Ich ging in die Richtung, aus der die

Stimme kam, und gelangte zu einem Haus. Da die Tür offenstand, trat ich ein. Hier lebte eine gutsituierte Familie, darauf ließ die Einrichtung schließen: Sofa, Teppich, ein Fernsehgerät, einige gerahmte Bilder und Fotos an den Wänden, ein Vitrinenschrank mit Büchern, Gläsern und Medaillen. An der einen Wand hing ein gerahmtes, auf Samt gemaltes Bild von der Kaaba in Mekka, eine Sitte, die immer mehr Muslime in diesem Land übernehmen. Je größer das Bild, je höher der soziale Status der Familie. Aus diesem Haus kam das verzweifelte Weinen.

Drei oder vier Menschen waren anwesend, Nachbarn, wie ich vermutete, die wie ich gekommen waren, um zu erfahren, was passiert war. In Anbetracht des Entsetzens und der Dringlichkeit, die der Schrei vermittelt hatte, erschien mir die Zahl derer, die nun nach der Ursache forschten, klein. Es kam mir vor, als handle es sich um eine Routinesache, kaum etwas Unerwartetes, und als wären die Anwesenden – abgesehen von mir – schon daran gewöhnt, aus solchen Anlässen herbeizueilen. Ihre ruhigen Gesichter gaben mir zu verstehen, daß die Ursache für den Schrei nichts Schreckliches war.

Die Anwesenden waren weniger an dem Vorfall interessiert als daran, etwas über mich zu erfahren, wo ich herkam, meinen Beruf und alles mögliche andere. Die wenigen Informationen, die ich über die weinende Frau sammeln konnte, während ich kurz diese unwichtigen Fragen beantwortete, befriedigten mich nicht. Ich wollte mit der Frau reden, die diese Schreie von sich gegeben hatte, aber im Moment war das nicht möglich.

Ich ging also, entschlossen, am nächsten Tag wiederzukommen.

Das tat ich. Die junge Frau hieß Ratan und war nicht älter als achtzehn. In diesem Alter vertraut man sich gern einer Frau aus einer anderen Stadt an. Ratan war allein im Haus. Ihr Mann arbeitete für die Regierung und kam oft erst spät abends zurück. Nachdem wir uns lange über die Stadt, den Hafen, die Mieten, Schule, Universität, Studium und andere Themen unterhalten hatten, kam ich auf das Ereignis vom Vortag zu sprechen. Ohne jede Scheu zeigte die junge Frau mir nach und nach die Narben und Blutergüsse, mit denen ihr Körper bedeckt war.

Ich versuchte, der Geschichte auf den Grund zu gehen. Die junge Frau überwand ihre doppelte Scham, daß sie nämlich so jung war und daß ich eine ganz neue Bekannte war, und erzählte mir folgende Geschichte:

Sie hatte eben die Schule abgeschlossen und wollte gerade ein Studium beginnen, als ihre Familie eine Ehe für sie arrangierte. Nach der Hochzeit verlangte ihr Mann fünf- oder sechsmal täglich die körperliche Vereinigung. Der jungen Frau war dieses übermäßige sexuelle Verlangen peinlich, doch um es ihrem Mann recht zu machen, überließ sie ihm anfangs ihren Körper und ertrug die Exzesse mit zusammengebissenen Zähnen. Als sie aber unerträgliche Schmerzen in den Genitalien bekam, begann sie notgedrungen zu protestieren. Ihr Mann zwang sie, ihm zu gehorchen, indem er alte, zusammengerollte Kabel als Peitschen benutzte. Manchmal widersprach die junge Frau, tobte, schrie und weinte.

Ich fragte sie: »Haben Sie nie Lust dazu?«

Die Frau wickelte sich verlegen den Rand ihres Saris um den Finger und erwiderte: »Doch, natürlich. Ich möchte es ja wirklich. Wenn er mich streichelt, wenn er mit mir spricht, dann ist mir schon danach.« Dabei strahlten ihre Augen vor jugendlicher Offenherzigkeit. »Aber ich mag nicht, wenn er mit mir schimpft oder mich schlägt.«

»Warum schlägt er Sie denn?«

»Ich komme nicht in sein Bett, wenn er mich ruft.«

»Und deswegen schlägt er Sie?«

»Ja.«

»Sind Sie nicht wütend, wenn er Sie schlägt? Haben Sie nicht daran gedacht, ihn zu verlassen?«

»Warum sollte ich ihn verlassen? Die Hadithe erlauben doch einem Mann, seine Frau zu schlagen.«

»Wer hat Ihnen das erzählt?«

»Mein Mann.«

»Ihr Mann hat Ihnen nicht die Wahrheit gesagt. Kein Hadith erlaubt einem Ehemann, seine Frau zu schlagen.«

Ich spürte förmlich, wie ein tiefer Riß in ihrem Glaubensgebäude erschien. Sie sah mich an und sagte verblüfft: »Aber das sagen doch alle.«

»Sie irren sich, oder sie lügen, Ratan.«

Nach und nach gelang es mir, Ratan zu überzeugen, daß sie belogen worden war. »Die anderen belügen Sie, weil Sie ungebildet sind, weil Sie kein Einkommen haben, weil Sie nicht selbständig sind. Ihr Mann betrügt Sie, die Gesellschaft betrügt Sie, Ihr Land betrügt Sie. Sie haben keinen Wert, außer daß Sie zu Hause sitzen, Reis kochen und den Gaumen und den Körper Ihres Mannes zufriedenstellen. Niemand wird etwas dagegen haben, wenn er Sie fast totschlägt. Selbst die, die Mitleid mit einem geprügelten Hund haben, zucken nicht mit der Wimper, wenn ein Mann seine Frau mißhandelt.«

Zwei Tage später mußte ich abreisen. Ich hatte den großen Wunsch, Ratan noch einmal zu sehen. Es war Samstag, und als ich an die Tür klopfte, öffnete ihr Mann. Nachdem ich mich vorgestellt hatte, runzelte er die Stirn. Er ging ins Haus, und ich hörte zwei Stimmen hinter der Tür, erst leise, dann immer lauter und schließlich wieder leiser. Dann erschien Ratan, gefolgt von ihrem Mann. Ich beobachtete ihn und mußte an seine Zunge denken, die Ratan in übler Sprache beschimpft hat, ich sah die Hand, die sie erbarmungslos geschlagen hat. Ich empfand Haß und Verachtung für diese Zunge und diese Hand, diesen Körper und diesen Geist. Ich war überrascht, diesen Mann vor mir zu sehen, unter dessen Folter seine Frau eines Nachmittags im Januar so geschrien hatte, daß die ganze Nachbarschaft zusammengelaufen war. Ich war erstaunt, daß er so adrett wirkte. Jedes Mitglied der Gesellschaft würde diesem Mann eine saubere Weste bescheinigen, er hatte nämlich weder langes Haar noch einen struppigen Bart, trug keine schmutzigen Kleider, ging jeden Freitag in die Moschee und lächelte, wenn er mit einem sprach.

»Ich reise heute ab«, sagte ich zu Ratan. Sie lächelte traurig. Ihr Mann trat auf mich zu und erklärte: »Was Sie Ratan neulich erzählt haben, stimmt nicht. Bringen Sie die Leute nicht auf falsche Gedanken.«

»Was meinen Sie mit falschen Gedanken?«

»Na, zum Beispiel den Hadith zu leugnen.«

Er setzte sich auf das Sofa, bot mir ebenfalls einen Platz an und erklärte gereizt: »Vielleicht lesen sie die Hadithe und den Koran nicht.«

Daraufhin stand er abrupt auf und kam mit mindestens fünf dicken Bänden und einem triumphierenden Lächeln auf den Lippen zurück, einem Lächeln, wie man es schwer wieder los wird, wenn man es einmal aufgesetzt hat.

»Sie werden es verstehen, wenn Sie diese Bücher lesen. Verdrehen Sie Frauen nicht mit solchem Unsinn den Kopf. Schließlich müssen auch Sie an Ihr nächstes Leben denken. Sehen Sie her« – er schlug einige gekennzeichnete Seiten auf und las vor: »›Wenn ein Mann sich mit seiner Frau körperlich vereinigen möchte und sie ruft, dann muß sie sofort kommen, selbst wenn sie gerade mit dem Kochen beschäftigt ist.‹ So lautet der muslimische Hadith.« Und das ist noch nicht alles. Er las weiter: »›Wenn ein Mann seine Ehefrau in sein Bett ruft und sie sich weigert, so daß der Mann wütend die Nacht verbringt, dann verfluchen die Engel die Frau bis zum Morgen.‹ Soweit der Hadith. Jetzt hören Sie sich den Tirmizi Hadith an. ›Wenn deine Frau sich schamlos verhält, verbiete ihr dein Bett und schlage sie.‹«

Ich kann es nicht glauben. Ich nehme die Bücher in die Hand und sehe, in deutlichen Buchstaben gedruckt, was Ratans Mann vorgelesen hat. Doch ich kann immer noch nicht fassen, daß in diesem zivilisierten Zeitalter eine derartige Ungerechtigkeit, eine derartige Beleidigung Frauen gegenüber gedruckt verbreitet wird, ich kann nicht fassen, daß die Gesellschaft diese Verbrechen wohlwollend akzeptiert und daß angesehene Mitglieder dieser Gesellschaft gläubig alle Gesetze der religiösen Barbarei befolgen.

Schriftstellerinnen

Einer der besten Lyriker dieses Landes, alt genug, um mein Vater zu sein, lobt meine Gedichte sehr. Aber dieses Lob äußert er nur mir gegenüber. Er lobt mich weder vor anderen noch in den Zeitschriften, denn wie gut ich auch schreiben mag, ich bin und bleibe eine Frau. Man kann eine Frau nicht öffentlich mit Lob überschütten, ohne seinen Ruf aufs Spiel zu setzen. Die Intellektuellen in diesem Land, die auf ihren Ruf achten, treffen sich zwar mit Frauen, aber lieber heimlich am hintersten Ecktisch des Chinarestaurants – schließlich sind sie nicht an häßliche Traditionen gebunden! Ihr Leben ist ein stürmisches Meer, kein stehender Tümpel. Sie sammeln und kosten eifrig all die seltsamen Freuden des Lebens. Sie flüstern den Frauen zu: »Ich liebe dich«, allerdings tun sie das immer heimlich. In der Öffentlichkeit verdrängen und verbergen sie solche Geschichten lieber. Ein Mann, der etwas auf seinen Ruf hält, sollte nicht über Frauen sprechen.

Ein befreundeter Romanautor sagte neulich zu mir: »Deine Kolumnen sind recht gut.« Als ich ihm dankte, sagte er in vollem Ernst einen Satz, auf den ich nicht vorbereitet war: »Deine Prosa ist besser als die von Selina Hosain.«

»Was hat das mit Selina Hosain zu tun?« fragte ich ihn. Er erwiderte: »Für eine Frau ist Selina Hosain gut.« Darauf stand er auf und ging. Er hatte mir zu verstehen gegeben, daß meine Texte, wie ausgezeichnet sie auch sein mochten, mit einem anderen Maßstab gemessen wurden, daß sie nur mit Texten von anderen Frauen verglichen wurden, denn Frauen als Dichter gehören in eine andere Kategorie. Unsere überregionalen Tageszeitungen enthalten eine »Frauenseite«, ähnlich wie eine »Kinderseite«. Bekannte Lyrikkritiker zerbrechen sich den Kopf darüber, ob Nasima, Suhita, Bilora oder ich gute Gedichte schreiben. Aber sie werden mich nie mit Farid oder Shahriar vergleichen, denn ich bin eine Frau und muß als Frau beurteilt werden.

Ein beliebter Romanautor und Dramatiker in diesem Land erklärt häufig, daß Frauen bis über beide Ohren in ihn verliebt seien und daß viele Frauen ihm Briefe schrieben, daß er sich aber nicht viel aus ihnen mache. Einmal erzählte er überall herum, eine Frau hätte ihm mit ihrem Herzblut einen Brief geschrieben. Später kam jedoch heraus, daß gar kein Blut geflossen war und daß er eine Lügengeschichte über eine in Farbe getunkte Neujahrskarte erfunden hatte. Solche Männer haben ein perverses Vergnügen daran, schlüpfrige Geschichten über Frauen zum besten zu geben.

Einer meiner Freunde, der Herausgeber einer Wochenzeitschrift, sagte neulich mit großer Besorgnis und einigem Mißfallen: »Weißt du, daß zwei Männer in der Shahbag-Straße das und das über dich gesagt haben?« Ich lachte sehr und antwortete: »Was ist daran so merkwürdig? Glaubst du denn, daß sie über Kalam reden würden?« Ich weiß nicht, ob der Name des Schriftstellers Abul Kalam meinem Freund etwas sagte. Ich hatte ausdrücken wollen, daß Klatsch über Abul Kalam, über Abdur Rahman oder über Shamsul Islam nicht so einen pikanten Beigeschmack gehabt hätte. In solchen Fällen benötigt man eine Frau.

Im allgemeinen wird angenommen, daß Schriftstellerinnen im Leben großes Unglück zu erleiden hatten. Katastrophen treiben manche Frauen in den Selbstmord und andere in Bordelle, und wieder andere suchen in der Literatur Zuflucht. Eine Frau beginnt nur dann zu schreiben, wenn sie sich verliebt, wenn sie in der Liebe enttäuscht wird, wenn sie in der Familie mit Schwierigkeiten oder Ernüchterung konfrontiert ist und so weiter. Bildung ist nichts für Frauen, von Literatur ganz zu schweigen. Man brachte den Frauen bei, den Koran zu lesen, damit sie für das Wohlergehen ihrer Ehemänner beten konnten. Später wurde ihnen dann gestattet, sich die Grundzüge des Schreibens anzueignen, damit sie Sätze wie »Vergiß mich nicht« sticken und ihrem abwesenden Ehemann von orthographischen Fehlern wimmelnde Briefe schreiben konnten. Heutzutage besteht das Hauptziel weiblicher Bildung im Aufziehen von Kindern. Außerdem ist der moderne, kluge Mann stolz auf seine »gebildete« Ehefrau, so als wäre ihre Bildung sein Verdienst. Von einer gebildeten Frau bedient zu werden, ist ein besonderes Vergnügen. Warum also sollten Frauen literarisches Gebiet betreten? Wenn sie es weit bringen, können sie die »Frauenecken« in den verschiedenen Zeitschriften füllen und über die Probleme in der Ehe und mit der

Mitgift schreiben. Warum sollten sie weitergehen, warum sollten sie versuchen, sich in Prosa, Lyrik, Sprache, Literatur und Wissenschaft mit Männern zu messen? Damit würden sie die Männer doch nur beschämen!

Eine tödliche Waffe

Ich wende mich im Moment an männliche Leser. Stellen Sie sich einmal vor, daß eine Frau sich Ihnen gegenüber ungehörig benommen hat – oder vielleicht auch nicht –, aus Ihren Beobachtungen schließen Sie jedenfalls, daß diese Frau sehr eingebildet ist, sie schwebt über dem Boden, läuft mit aufgeblasener Miene herum und hält niemanden für wichtig. Wenn Sie sich unter solchen Umständen an der Frau rächen wollen, steht Ihnen ein sehr geeignetes Mittel zur Verfügung. Es spielt keine Rolle, wenn die Frau Sie überhaupt nicht beachtet. Das schadet bei Ihrem Vorhaben nichts. Kümmern Sie sich nicht darum. Sie sind ein Mann. Ihre Männlichkeit pulsiert in Ihren Adern. Sie haben eine gefährliche Waffe in der Hand, mit der Sie die Eitelkeit oder die Einfältigkeit der Frau zu Staub zermahlen können. Und nicht nur das: Sie besitzen außerdem die Macht, der Frau das Rückgrat zu brechen, auch wenn es stark ist, und ihr den Nacken zu beugen, wenn sie den Kopf hoch und aufrecht trägt.

Sie brauchen dazu weder Axt noch Dolch. Das würde zuviel Ärger geben. Denn wenn Sie die Frau erschlagen oder erstechen, wird man einen Prozeß gegen Sie anstrengen, und Sie werden große Ausgaben haben, ohne daß Ihnen daraus ein Gewinn erwächst. Der Gebrauch einer Pistole ist nicht weniger gefährlich. Scharen von Menschen werden zusammenströmen, wenn sie den Schuß hören. Es heißt, daß auch die Verwendung von Säure zu keinem befriedigenden Ergebnis führt. Wenn man nicht genau trifft, werden die Augen nicht ganz blind, die Wangen werden nicht richtig verbrannt.

Es ist weder ein Strick zum Erhängen noch die starke Hand, die bei passender Gelegenheit die Frau an der Kehle packen und zudrücken kann. Ist es vielleicht ein Messer, um die Kehle durchzuschneiden? Oder sind es Schuhe, mit denen man zutreten kann? Nein, nichts davon. Ich bin sicher, daß hundert Prozent der männlichen Leser, die diese Kolumne lesen, jetzt sehr gespannt sind, welche Waffe das ist, die Sie in Händen halten. Oder nein, Sie halten sie nicht in der Hand, sondern Sie haben sie auf der Zunge. Es gehört nicht viel dazu, Sie brauchen bloß einen einzigen Satz zu sagen. Wenn Sie diesen Satz in Gegenwart einer anderen Person aussprechen, ist er Ihre Waffe, und er hat eine solche Kraft, daß Sie Ihr Ziel damit erreichen. Der Satz, der Ihnen den gewünschten Erfolg bringen wird, lautet: »Diese Frau hat einen schlechten Ruf.«

Das ist alles! Sie haben die Schlacht gewonnen! Sie können nun spazierengehen, um etwas frische Luft zu schöpfen, oder sich zurückziehen und beruhigt schlafen gehen. Sie brauchen die Angelegenheit nicht weiter zu verfolgen. Alles übrige wird der Satz selbst übernehmen, denn er ist so stark wie hundert Waffen. Er ist schlagkräftiger und schärfer als alle Waffen der materiellen Welt.

Dieser Satz klingt so schön, daß die Leute ihn von einem Haus zum nächsten, von einem Hof zum nächsten, von einer Klatschecke zur nächsten und von einer Stadt zur nächsten weitertragen. Sie werden kein Glas finden, das so leicht zerbricht wie der gute Ruf einer Frau. Er ist so zerbrechlich, daß er in Stücke geht, wenn man ihn nur anpustet. Sie selbst haben nichts zu befürchten, denn in diesem Fall wird nicht nach dem Täter gefahndet. Sie brauchen weder als Zeuge auszusagen noch auf der Anklagebank zu sitzen. Gefängnis oder andere lästige Konsequenzen stehen überhaupt nicht zur Debatte.

Männlicher Leser, nehmen wir einmal an, daß Sie Ihre Waffe eingesetzt haben. Die Schwierigkeiten, denen die betreffende Frau nun gegenübersteht, können Sie sich erst vorstellen, wenn Sie als Mädchen wiedergeboren werden. Es übersteigt meine Fähigkeiten, Ihnen klarzumachen, wie anders die Lebensbedingungen für Frauen heutzutage in dieser Gesellschaft sind. Doch denken Sie nicht, daß es keine Möglichkeit für Sie gäbe, wenigstens ein bißchen davon zu verstehen. Folgendes Mittel können Sie dazu anwenden: Fällen Sie dieses Urteil über Ihre eigene Schwester und sehen Sie dann genüßlich zu, wo und wie das Gerücht sich ausbreitet und welche Ereignisse es nach sich zieht. Gehen Sie dem Satz nach und verfolgen Sie seine Wirkung, Sie werden sich bestimmt davon überzeugen können, daß die Waffe, von der ich hier spreche, keineswegs stumpf ist.

»Guter Ruf« ist etwas sehr Wertvolles. Ein Mann braucht vielleicht nicht darauf zu achten, aber für eine Frau ist er unerläßlich. Wenn eine Frau ihren Ruf in einer Truhe unter Schloß und Riegel hält, dann kann man das so gelagerte Material zu einem sehr hohen Preis verkaufen. Das Geschäft mit dem guten Ruf ist profitabel geworden.

Hier endet mein Gespräch mit den männlichen Lesern vorerst, und jetzt wende ich mich an die Leserinnen. Die Männer sind mit der Anwendung und Wirkung der Methoden und Mittel, die ich beschrieben habe, bestens vertraut. Wenn ich hier darüber schreibe, dann um ihnen zu zeigen, daß wir Frauen über ihr Vorgehen Bescheid wissen. Und mit seiner Aufdekkung verliert ein Geheimnis automatisch an Wirkung.

Zum Schluß möchte ich meinen Leserinnen ein Gedicht vorstellen, das den Titel *Charakter* trägt:

Du bist eine Frau,
und du solltest lieber nicht vergessen,
daß Männer dich schief ansehen werden,
wenn du die Schwelle deines Hauses überschreitest.
Wenn du weitergehst, die schmale Gasse entlang,
werden Männer dir folgen und pfeifen.
Wenn du die Gasse überquerst und auf die Hauptstraße trittst,
werden Männer abfällige Bemerkungen machen und dich als leichtes Mädchen bezeichnen.

Wenn du mutlos bist
kehrst du um,
aber wenn du Charakter hast,
dann gehst du weiter.

Ehe

Die Frau aus dem Slum sah älter aus, als sie war. Aus mir unerfindlichem Grund riß ein Mann, doppelt so alt wie sie, sie grob am Arm, und stieß sie dann von sich, so daß sie stürzte. Als sie am Boden lag, trat er sie mehrfach. Anschließend packte der Mann, offensichtlich ihr Ehemann, sie an den Haaren und schleifte sie ins Haus.

Dieser Vorfall überraschte mich nicht. Schließlich habe auch ich als Ärztin, als Bürgerin erster Klasse in diesem Land, solche Qualen erlitten. Auch ich werde gestoßen, ich taumle gegen die Wand, Blut fließt mir von der Stirn. Was bedeutet es schon, daß ich der Statistik zufolge in leitender Stellung tätig bin? Ich bin eine Frau.

Für mich und für die Frau aus dem Slum gelten dieselben Ehegesetze. Mein Mann kann, genauso wie ihrer, nach Belieben die Ehe auflösen, indem er dreimal *talak* sagt. Auch mein Mann kann sich das von der Religion sanktionierte Vergnügen machen, sein Haus nach und nach mit vier Ehefrauen zu füllen. Diese Rechte habe ich nicht. Inwieweit unterscheide ich mich von der Frau aus dem Slum, die für eine Mahlzeit am Tag und zwei Saris im Jahr alles erträgt, die ihre Kinder wie Würmer großzieht? Mir liegt an gesellschaftlichem Ansehen, an den Traditionen der Mittelschicht. Also beiße ich die Zähne zusammen und ertrage alles für ein paar Küchengeräte, Betten und Möbel, die angeblich ein Zuhause ausmachen.

Wenn das Gesicht der Frau aus dem Slum sich vor Angst verdunkelt, wird meins blaß vor Kummer. Auch ich spüre die Tritte der von Männern gemachten Gesetze auf meinem Körper. Es gibt keinen grundsätzlichen Unterschied zwischen mir und einer reichen Frau, zwischen einer Gebildeten und einer Ungebildeten, zwischen der Frau aus dem Slum und mir. Das Wort Ehemann bedeutet Herr. Frauen aller Schichten müssen ihren Ehemann als Herrn und Meister anerkennen. Aber auch wenn der Körper der Frau zur Hälfte ihrem Ehemann gehört, gehört sein Körper doch nicht zur Hälfte ihr. Das Wörterbuch enthält keine maskuline Entsprechung für »halber Körper« und »Mitgläubige«. (In der bengalischen Sprache wird eine Ehefrau als »Hälfte ihres Ehemannes« und »Mitgläubige« bezeichnet.) John Stuart Mill erklärte bereits 1869 die Ehe als einzigen Bereich, in dem es legale Sklaverei gebe. Unsere Ehegesetze lassen zu, daß Männer vollständige Macht und unbestrittene Herrschaft über einen anderen Menschen erlangen und das obszöne Recht auf Scheidung und Polygamie erwerben!

Wann beginnt die Sklaverei?

Wenn ich mich, meinen Körper, betrachte, merke ich, daß ich mir bestimmter Körperteile grenzenlos bewußt bin. Dieses Bewußtsein hat sich nicht erst in diesem Alter plötzlich entwickelt, sondern ich kann es bis zu dem Zeitpunkt zurückverfolgen, als mein dreizehnjähriger Bruder sich in Gegenwart vieler Menschen in unserem Hof das Hemd auszog, weil ihm sehr warm war. Doch obwohl ich fast im gleichen Alter war und mir die Hitze mehr zusetzte, durfte ich meine Kleider nicht ablegen.

Auf einer langen Busreise verspürte die Mehrheit der Fahrgäste das Bedürfnis zu urinieren. Während einer Rast erleichterten sich die männlichen Fahrgäste im Schatten eines Baumes. Doch die Frauen konnten sich, wie dringend ihr Bedürfnis auch sein mochte, an diesem Tage nicht erleichtern. Wenn eine der Frauen ausgestiegen wäre, um diesem natürlichen Drang zu gehorchen, hätte das ein vergnügliches Spektakel für alle anderen Fahrgäste gegeben. Das scharfe Messer der Verlegenheit und der Scham hat den Körper der Frau in hundert Teile zerschnitten. Ich halte den Knopf meines Rockes fest geschlossen, seit ich dreizehn bin. Ich brauche einen Sichtschutz, um mich auszuziehen, selbst wenn mich die Hitze quält. Ich darf nicht mit bloßem Körper im Freien baden.

Eine Frau, die ihr Leben unter der Last so vieler Fesseln und Hindernisse beginnt, muß, wenn sie dann älter wird, ebenso viele unwegsame Straßen, soviel Dunkelheit, so viele Berge und soviel Dschungel bewältigen. Jede Frau spürt, daß man ihr eine Kette umgelegt hat, die Kette des Frauseins. Sie beschränkt ihre Schritte auf das begrenzte Gebiet ihres Hofes. Je mehr Hindernissen sie begegnet, desto mehr Bewußtsein entwickelt sie durch diese Erfahrungen und Erkenntnisse.

Neulich schlenderte ein junges Mädchen in Begleitung von drei anderen jungen Mädchen, wahrscheinlich Verwandten von ihr, über einen Kirmesplatz. Zufällig blieben sie neben mir stehen. Ich bemerkte, daß zwei junge Männer, etwa einundzwanzig oder zweiundzwanzig Jahre alt, an einer Honda lehnten und Obst aßen. Einer warf einen stachligen Amrha-Kern nach dem Mädchen. Der Kern verfing sich in ihren Haaren. Sie sah sich um, schaute dabei aber mehr ihre Verwandten an als andere Umstehende. Beschämt und ängstlich senkte sie dann den Blick. Nachdem sie den Kern aus dem Haar entfernt hatte, sah sie so aus, als hätte sie selbst gerade eben ein schweres Verbrechen begangen und als sei sie selbst der Grund für die barbarische Handlung des jungen Mannes. Als Frau büßt sie für ihre weibliche Geburt, indem sie sich schämt, erstarrt, sich selbst als Täterin fühlt und sich vom Tatort stiehlt. Diejenigen, die das Verbrechen begangen haben, trifft kein Haß, sie werden nicht einmal zur Rede gestellt. Aller Augen sind auf das junge Mädchen gerichtet. Warum soll der Amrha-Kern ausgerechnet auf den Kopf dieses Mädchens und auf keinen anderen Kopf fallen? Es muß an ihrem Kopf liegen. Sie allein trägt die Verantwortung für alle Beleidigungen und Verleumdungen und die Konsequenzen für alle Untaten der Männer. Sie erträgt alle Arten von Ungeduld, Krankheit und Tyrannei eines Mannes. Und indem sie das alles erträgt, erhält sie ihre Umgebung intakt und ihre Familie und die Gesellschaft gesund. Trägt nicht die Frau, deren Ehemann sich in aller Offenheit mit anderen Frauen vergnügt, die Schuld an allen Mißständen in ihrer Ehe? Die, die schon mit dreizehn Jahren den Knopf ihres Rockes fest schlossen, schließen in gleicher Weise das ganze Elend ihres Lebens fest in ihrem Herzen ein.

Männer möchten, daß Frauen vieles in einer Person sind. Sie sind glücklich, wenn sie ihre Ehefrauen als Mutter, als Schwester und als Geliebte betrachten können – es ist geradezu bemitleidenswert, wie versessen sie darauf sind, drei Frauen in einer zu finden. Männer haben den großen Wunsch, ihre Frauen wartend vorzufinden, wenn sie nach Hause kommen, mit einem extra für sie zubereiteten köstlichen Essen, von dem die Ehefrauen, ganz wie ihre Mütter, selbst nichts gegessen haben. Sie erwarten, daß ihre Frauen sich um alles kümmern und ihnen die Kleider waschen, so wie ihre älteren Schwestern es getan haben. Und sie erwarten, daß ihre Frauen als perfekte Geliebte ihren schönen Körper auf dem Bett darbieten.

Männer legen großen Wert darauf, ihre Frauen in

verschiedenen Rollen zu sehen, bei der Ausführung verschiedener Hausarbeiten, die ihrem eigenen Wohlbehagen dienen. Sie loben ihre Frauen für diese verschiedenen Rollen. Je vielfältiger diese Rollen sind und je kompetenter die Frau sie ausführt, desto größeren Gewinn zieht der Mann daraus, desto größeres Vergnügen verschafft die Frau seinem Körper und seinem Geist.

Beginnt die Sklaverei damit, daß dreizehnjährige Mädchen an einem heißen Sommertag ihre Kleider nicht ablegen dürfen? Eigentlich gibt es außer dem natürlichen Unterschied keinen Unterschied zwischen Männern und Frauen. Doch dieser natürliche Unterschied ist das Kapital unserer Gesellschaft, aus dem sie Gewinn schlägt.

Wir bezeichnen unsere Erde als »Mutter« – die Erde, die von Menschen zertreten, aufgebohrt und zerschlagen wird. Die Erde wird als Frau betrachtet, weil sie »trägt«, weil sie sich ohne Widerstreben zertreten, aufschneiden, zerfetzen und zerschlagen läßt.

Ein Zimmer für sich allein

Seit einiger Zeit suche ich in dieser Stadt ein Zimmer – ein Zimmer, in dem ich übernachten kann. Wenn ich meinen Dienst an einem städtischen Krankenhaus, der von neun Uhr morgens bis fünf Uhr nachmittags dauert, beendet habe, laufe ich auf meinen müden Beinen wie verrückt herum, um ein Obdach für meinen erschöpften Körper zu finden. Ich suche ein Zimmer, wo ich tun und lassen kann, was ich will, ohne an die Vergangenheit oder an die Zukunft denken zu müssen. Ein Zimmer, in dem ich nackt ein Bad nehmen kann, in dem ich aus voller Kehle singen oder ein Gedicht schreiben kann, während ich genüßlich Tee schlürfe. Ich suche in der ganzen Stadt nach einem Plätzchen, wo ich sitzen und mich mit anderen unterhalten kann. Inzwischen habe ich sämtliche Bekannten gebeten, sich nach einem Zimmer für mich umzusehen. Mein Gehalt ist so kümmerlich, daß ich davon kein ganzes Haus mit Schlafzimmer, Eßzimmer und Wohnzimmer mieten kann. Allerdings träume ich seit meiner Kindheit davon, ein Haus einzurichten – ein sehr schönes Haus.

Wenigstens fünfundzwanzig Menschen habe ich gebeten, ein Zimmer für mich zu suchen. Zwanzig davon haben daraufhin den Kontakt zu mir abgebrochen. Die übrigen fünf berichteten, daß die Mieten heutzutage sehr gestiegen seien und daß es in ihren Wohngebieten zu viele Betrüger gäbe.

An einem Tag besichtigte ich selbst mindestens sechs Häuser. Alle Vermieter fragten mich, wie groß meine Familie sei. Ich antwortete: »Ich selbst und Lili, ein junges Mädchen, das bei mir Ordnung macht.« Gepflegte, ordentliche, problemlose Mieterinnen! Die Vermieter hätten sich eigentlich freuen sollen, aber sie schienen mehr zu wollen. Ich war nicht, was sie suchten – eine so unabhängige Mieterin paßte ihnen nicht. Sie suchten einen männlichen Mieter. Sobald ein Mann bei mir wohnt, ist der Vermieter zufrieden. Und wenn ich kein Bedürfnis nach einem Mann habe oder wenn mir die Gegenwart eines Mannes auf die Nerven geht? Auch wenn ich selbst keinen Mann brauche, so braucht doch der Vermieter einen für mich, um die Mächtigen in dieser Gesellschaft zufriedenzustellen.

Ich verbringe meine Zeit in Dhaka, indem ich immer wieder in anderen Häusern wohne. Ich habe kein eigenes Zimmer – kein Zimmer, in dem ich aus ganzem Herzen lachen könnte, in dem mein Vater mir Geschichten von früher erzählen könnte, in dem meine jüngere Schwester ein Liebeslied singt, während sie mich umarmt, und in das mein ältester Bruder plötzlich hereinstürzt mit den Worten: »Ich bin so niedergeschlagen. Ich werde heute den ganzen Tag in deinem Zimmer verbringen.«

Abends lese ich Virginia Woolfs Essay *Ein Zimmer für sich allein.*

Für Frauen verboten

Vor einer Moschee steht ein Schild. Solange ich es nur von weitem sah, nahm ich an, es trüge die Aufschrift: »Für Kühe und Ziegen ist der Zutritt verboten.« Doch das ist nicht der Fall. Eines Tages besah ich mir das Schild aus der Nähe und las folgende Worte: »Für Frauen ist der Zutritt verboten.« In diesem Land sind Verbote das Schicksal von Frauen und Tieren.

Ich bin in einer kleinen Stadt geboren. Der schmale Strom des Brahmaputra fließt an ihr vorbei. Ich verbrachte meine unvergleichlich schöne Kindheit an den Ufern des Flusses. Wir bauten ganze Nachmittage lang Sandhäuser, und abends zerstörten wir unser Spielhaus und gingen nach Hause. Ich war damals neun oder zehn. Wenn meine Mutter beim Kochen plötzlich feststellte, daß sie keinen Ingwer oder kein Salz mehr hatte, mußte ich zu einem Laden in der Nähe laufen, um die Gewürze zu kaufen. Wenn ich Appetit auf *Muri* (eine Art Puffreis), Tamarinden oder Erdnüsse hatte, dann lief ich zum Laden.

So vergingen die Monate. Plötzlich, ohne daß mir ein Grund genannt wurde, verbot man mir, zu dem Laden an der Ecke zu gehen. Warum dieses Verbot? Warum? Als ich nach dem Grund fragte, wurde mir gesagt, ich sei jetzt erwachsen, und erwachsene Frauen dürften nicht aus dem Haus gehen. Sie müßten ihre Freizeit mit dem Lesen religiöser Schriften und mit allen möglichen Hausarbeiten verbringen. Das war das erste einer Unzahl von Verboten, die ich zu beachten hatte. Und ich war nicht allein davon betroffen, die roten Kreise der Verbote wurden um jedes junge Mädchen meines Alters gezogen.

Am Fenster zu stehen war verboten. Abends aufs Dach zu gehen war verboten. Manchmal wurde ohne Ingwer oder ohne Zwiebeln gekocht, denn ich durfte nicht mehr in den Laden an der Straßenecke gehen. Eines Tages sah ich, daß ich drei Hosen fürs Haus genäht bekam. Ich freute und wunderte mich zugleich, daß so viele Hosen für mich genäht wurden, ohne daß man mir etwas davon gesagt hatte. Meine Mutter erklärte mir, von nun an dürfte ich keine Shorts mehr tragen.

Und die Verbote nahmen weiter zu. Eines Tages schnitt meine Mutter einen ihrer Saris in vier Stücke, legte mir ein Stück um die Schultern und befahl mir, es im Haus zu tragen. Das bedeutete, daß ich den breiten Schal aus dünnem Stoff, mit dem Frauen ihren Busen bedecken, nun auch zu tragen hatte. Ich errötete vor Verlegenheit. Doch meine Mutter ließ sich nicht aus der Ruhe bringen. Ein anderes Mal gab sie mir mit aller Kraft zwei Ohrfeigen, weil ich den Koran zur Hand nahm, als ich gerade meine Regel hatte. Sie sagte, mit einem unreinen Körper dürfe man keine heiligen Dinge berühren. Meine Mutter hatte oft gesagt, ein Schwein sei ein unreines Tier. An jenem Tag wurde mir klar, daß auch Frauen manchmal unrein werden.

Zu unserem Haus gehörte ein großer Garten mit Mangobäumen, Guajavabäumen und anderen Obstbäumen. Auf Bäume zu klettern übte eine ungeheure Faszination auf mich aus. Solange ich noch ein Kind war, kletterte ich auf meinen Lieblingsbaum und spielte dort oben, und niemand hatte etwas dagegen. Als ich dann größer wurde, verbot man mir, auf Bäume zu klettern. Man sagt, daß Frauen nicht auf Bäume klettern dürfen, denn wenn eine Frau auf einen Baum klettert, verdorrt der Baum.

Einmal fuhren wir während der Sommerferien zu einem Onkel mütterlicherseits. Im Zimmer seines jüngeren Bruders fand ich eine brennende Zigarette auf dem Tisch und paffte ein paar Züge davon. Als sich das herumsprach, blieb kein Fleckchen meines Körpers von den Püffen und Schlägen der Eltern verschont. Alle erklärten mir, Frauen sei es verboten, Zigaretten auch nur anzurühren.

Ich war Schülerin der letzten Klasse in der Schule. Eines Tages schob mir auf dem morgendlichen Schulweg ein Junge einen Brief in die Hand. Darin stand, er hätte mich sehr gern, daher würde er jetzt jeden Tag an der Straße stehen und auf mich warten. Am nächsten Tag beauftragten meine Eltern eine Frau, mich zur Schule zu begleiten und mich nach der Schule wieder abzuholen. Von nun an war es mir verboten, allein zur Schule zu gehen.

In unserem College gab es einen Wachmann namens Gagan. Die Studenten des Männercolleges verließen nach ihren Seminaren das College, wann immer es ihnen paßte. Aber unser Wachmann Gagan Chandra saß den ganzen Tag auf einem Hocker an der Tür und hinderte uns daran hinauszugehen. Wir beschwerten uns: »Aber die Studenten vom Ananda Mohan College verlassen ihr College doch auch!« Gagan erwiderte darauf: »In Frauencolleges gibt es das nicht.« Das heißt, ob es uns nun paßte oder nicht, wir mußten von zehn Uhr morgens bis fünf Uhr nachmittags im Gebäude bleiben. Wachmann Gagan ist inzwischen in Rente gegangen. Aber während seiner Amtszeit hat er keiner einzigen Studentin erlaubt, vor fünf Uhr nachmittags das College zu verlassen. Auch er war überzeugt, daß Frauen nicht zuviel Freiheit haben und nicht nach Belieben kommen und gehen sollten.

Einmal kam eine Gruppe von Musikern in unsere Stadt. Ich war alt genug, um in das Konzert zu gehen, und sagte zu Hause, daß ich gern hingehen würde. Doch ich bekam die Erlaubnis nicht, denn das Konzert sollte abends stattfinden, und ich würde einen männlichen Begleiter brauchen, weil es heißt, daß Frauen sich nach Einbruch der Dunkelheit nicht außerhalb des Hauses aufhalten dürfen.

Eines Tages hatte ich einen Streit mit meinem Bruder. Irgendwann schrien wir beide, so laut wir nur konnten. Doch mir wurde zuerst befohlen, aufzuhören, nicht, weil ich etwas Unzumutbares gesagt hätte, sondern weil Frauenstimmen nicht so laut sein sollen. Frauen sollen überhaupt weniger Gefühle oder Aufregung zeigen als Männer und sich in allen Situationen zurückhalten.

Irgendwann brachte mir ein Verwandter ein Kartenspiel bei. Doch immer, wenn sich zu Hause die Gelegenheit zum Kartenspielen bot, durfte ich mich den Spielern nicht einmal nähern, auch wenn ich mich darauf berief, daß ich das Spiel kannte. Obwohl ich das Spiel konnte und sogar besser spielte als alle anderen, durfte ich nicht mitspielen, weil ich ein Mädchen war. Frauen ist das Kartenspielen verboten.

Einmal kamen zwei junge Männer aus meiner Bekanntschaft zu mir nach Hause zu Besuch. Ich hätte ihnen gern aus Höflichkeit eine Tasse Tee angeboten, doch das war nicht möglich. Ein Sturm brach los: Wer waren meine Gäste? Warum waren sie gekommen? Was wollten sie? So ging es endlos weiter. Ich erinnere mich noch gut, wie am nächsten Tag zwei Freundinnen meines Bruders zu uns nach Hause kamen. Mein Vater setzte sich persönlich zu ihnen, um nach ihren Namen zu fragen, und meine Mutter bewirtete sie. Mein Bruder lief drei Tage lang mit einem Lächeln auf den Lippen herum.

Die Entscheidung darüber, was einer Frau verboten ist und was nicht, liegt nie bei der Frau. Wer bestimmt darüber? Allein die Männer, und die Frauen richten sich mit ihren Handlungen ganz danach. Frauen haben keine Überlebenschancen, wenn sie etwas tun, was den Männern mißfällt. Für Männer gilt nicht einmal ein Prozent der Verbote, die Frauen aufgrund von gesellschaftlichen Moralvorstellungen auferlegt werden. Und Männer müssen nicht einmal ein Tausendstel der Verbote befolgen, die auf der Basis von religiösen Vorschriften für Frauen erlassen werden.

Die Mehrheit der jungen Mädchen aus der Mittelschicht ist mit denselben Verboten konfrontiert, die ich als Jugendliche beachten mußte. Die Einschränkungen unterscheiden sich vom Wesen her nicht, egal ob die Frauen aus armen oder reichen Familien stammen. Auch wenn es bei der Durchsetzung bestimmter Verbote Unterschiede gibt, bleiben alle Verbote Verbote. Und es ist die »absolute Pflicht« einer Frau, diesen Geboten und Verboten zu gehorchen.

Laßt uns um uns selbst weinen

Die Ultraschalldiagnose ist ein sehr beliebtes Verfahren zur Erkennung von Krankheiten. Wenn zum Beispiel ein Patient mit Symptomen wie geschwollenem Bauch, Verdauungsstörungen, Schmerzen und anderen Beschwerden zum Arzt kommt, wird, wenn andere Tests und Untersuchungen keine Ergebnisse bringen oder wenn auch nur der kleinste Zweifel an der Diagnose besteht, sofort zur Ultraschalldiagnose gegriffen. Das Verfahren zeigt, ob es sich um einen gutartigen Tumor oder um ein Karzinom handelt, es zeigt dessen Lage, Zusammensetzung, Form, Art und alles andere. Früher stand uns diese Untersuchungsmethode in meiner Heimat nicht zur Verfügung, in den letzten Jahren aber hat die Gesundheitsfürsorge mit Hilfe der Ultraschallmeßgeräte große Fortschritte gemacht.

Auch die Gestalt, den Gesundheitszustand und die Bewegungen eines Fötus in der Gebärmutter kann man mit Hilfe von Ultraschall erkennen. Ab der sechzehnten Woche besteht außerdem die Möglichkeit, das Geschlecht des Fötus zu bestimmen. Aber müssen wir der neuen Technik wirklich dankbar sein, wenn wir erfahren, für welch perverse Praktiken sie genutzt wird?

Diese ausgezeichnete Methode zur Geschlechtsbestimmung wird nämlich mißbraucht, um herauszufinden, ob der Fötus weiblich ist und um ihn in diesem Fall abzutreiben.

Ja, es werden unzählige Abtreibungen vorgenommen. Man macht sich die Ultraschalluntersuchung in der Weise zunutze, daß man es gar nicht erst zur Geburt eines Mädchens kommen läßt. In unserem Nachbarland Indien ist dieses Verfahren besonders beliebt, und es sieht so aus, als würde diese Epidemie sich ohne große Verzögerung auch in unserem Land ausbreiten, denn auch hier sind Mädchen nicht erwünscht. Zwar hat niemand etwas dagegen, wenn nach einer größeren Anzahl von Jungen ein Mädchen geboren wird. Aber niemand wünscht sich bewußt und freiwillig ein Mädchen, und alle suchen nach einer Möglichkeit, die Zahl der weiblichen Geburten zu beschränken.

Jetzt können werdende Eltern sich Tag und Nacht ihrer Freude und ihren Träumen hingeben. Keine Ehefrau muß mehr die unerträgliche Schande, den Schmerz, die Unzufriedenheit und das Leid erdulden, die mit der Geburt eines Mädchens einhergehen. Welche Freude! Laßt die schwangeren Frauen fröhlich tanzen! Laßt sie gegen die Geburt eines ungewollten Kindes Vorkehrungen treffen! Als die Araber vor langer Zeit noch in Höhlen lebten, pflegten sie ihre weiblichen Kinder lebendig zu begraben. Jetzt wird das lebende Mädchen schon in der Gebärmutter umgebracht. Wir wohnen inzwischen in gemauerten Häusern, nicht mehr in Höhlen. Wir sind gebildete, zivilisierte Menschen. Und doch töten wir unsere weiblichen Föten.

Und warum auch nicht? Die Feuer der Scheiterhaufen, auf denen Witwen zusammen mit der Leiche ihres Mannes verbrannt wurden, sind erst vor kurzem gelöscht worden. Ihre Brandspuren finden wir aber noch tief in unseren Herzen und Vorurteilen wieder. Und heute werden Frauen symbolisch verzehrt von den Flammen der Mitgift, der Unterdrückung; sie gehen durch das Feuer verschiedener Erlasse und Gesetze in den heiligen Schriften.

Und wenn heute keine Mädchen geboren werden sollen, liegt es dann vielleicht daran, daß man nicht will, daß sie auf dem Brandhaufen der Religion und der Gesellschaft geopfert werden?

Es gibt bei uns ein Sprichwort: »Glück hat, wem die Frau stirbt, Pech hat, wem die Kuh stirbt.« Dieses alte Sprichwort hat auch jetzt, am Ende des zwanzigsten Jahrhunderts, noch seine Bedeutung.

Wenn eine Frau stirbt, kann man sich eine neue besorgen. Wenn jedoch eine Kuh stirbt, ist das nicht so einfach, denn für eine neue Kuh muß man Geld bezahlen. Eine neue Ehefrau dagegen bringt Geld mit, wenn sie ins Haus kommt. Deshalb wird eine Kuh als wertvoller betrachtet als jede Frau.

Kürzlich wurde ein junges Mädchen gegen sechs Kühe, die aus Indien herübergeschmuggelt worden waren, verkauft. Viele Leute waren entsetzt, als sie das hörten. Ich dagegen war nur ein wenig erstaunt, und ich kann den Glücklichen, der sechs fette Kühe für ein mageres Mädchen kriegt, nur beneiden. Er hat wirklich einen satten Gewinn eingestrichen.

Ich finde, der indische Schmuggler, der das junge Mädchen genommen hat, ist bei diesem Geschäft schlecht weggekommen. Aber ich bin ihm unendlich dankbar, einer Frau, die an sich nichts wert ist, die Ehre erwiesen zu haben, sie gegen sechs Kühe zu tauschen!

Unsere zivilisierte Gesellschaft mißt Frauen keinerlei Wert bei. Hier werden Mädchen im Mutterleib umgebracht. Der Schmuggler dagegen hat für ein armes junges Mädchen, das im uferlosen Meer der Gefahren trieb, sechs Kühe gegeben. Er wird sie auf dem Fleischmarkt einsetzen. Er wird eine Prostituierte aus ihr machen und die »Herren« dort werden sie nach Belieben benutzen. Ist das etwas Ungewöhnliches? Werden nicht die ehrbaren Frauen unserer Gesellschaft ebenfalls nach Lust und Laune von ihren feinen Ehemännern benutzt? Unsere ehrbaren Frauen verkaufen sich umsonst. Und für die, die nach der Rechtsprechung dieser Gesellschaft ehrlos wären, werden mindestens sechs oder sieben Kühe hergegeben. Wie wunderbar! Wir wollen doch mal sehen, ob der Wert einer Frau daraufhin nicht steigt!

Ich möchte weinen. Ich lade alle Frauen der Welt ein, einmal um uns selbst zu weinen. Kommt, und laßt uns einmal laut weinen, uns vor Verzweiflung auf die Erde werfen. Aber wir sind wie versteinert. Schweigend sehen wir zu, wie die Männer uns übel mitspielen. Wir sagen kein einziges Wort. Laßt uns ein einziges Mal unsere Geburt beweinen, laßt uns darüber weinen, daß man uns aus einer Hölle in die andere schickt.

Marionetten

Der Dichter Ashim Shaha rühmt häufig die Schriftstellerin Adila Bakul. »Adila hat früher geschrieben, aber sie liebt ihren Mann Rafik Azad so sehr, daß sie sogar ihr Schreiben aufgegeben hat.« Ashim Shaha beschreibt wortreich und in allen Einzelheiten, wie Adila ihre schriftstellerische Tätigkeit aufgegeben hat. Ich kann allerdings zwischen Adilas Liebe zu ihrem Mann und der Tatsache, daß sie nicht mehr schreibt, keinen zwingenden Zusammenhang erkennen. Männer sind hocherfreut, wenn Frauen ihnen etwas opfern. Ein junger Mann ist begeistert, wenn seine junge Frau um seinetwillen ihre Familie aufgibt. Ein Ehemann ist außer sich vor Freude, wenn seine Frau das Singen aufgibt, weil er etwas dagegen hat.

Mancher Ehemann prahlt damit, daß seine Frau auf seine Veranlassung hin nach der Heirat das Tanzen oder das Malen aufgegeben habe. Der Dichter Ashim Shaha hat entdeckt, wie tief Adilas Liebe ist, denn sie hat das Schreiben aufgegeben, weil ihr Mann schreibt.

Im stillen ist ein Mann nicht besonders traurig, wenn eine Frau seinetwegen Selbstmord begeht, obwohl er vielleicht so tut, als würde ihm das großen Kummer bereiten. In dieser Gesellschaft wird von einem Mann allgemein verlangt, daß er sich durch sein Einkommen, seine Persönlichkeit und vielfältige Begabungen hervortut, während man von einer Frau erwartet, daß sie jedes Weiterkommen und alle Talente aufgibt, so daß sie allmählich ihre Fähigkeiten verliert, abhängig und einsam wird. Die Gesellschaft mißt diesem einseitigen Opfer große Bedeutung bei, und ihr steht ein ganzes Arsenal an religiösen Gesetzen zur Verfügung, die eingesetzt werden können, um Frauen zu erniedrigen, wann immer sich die Gelegenheit dazu bietet. Dieses Arsenal ist mit dem Erbe der Vergangenheit ausgestattet, mit Ungerechtigkeit und Unterdrückung, mit Ungleichheit und Hierarchie, die als gesellschaftliche Regeln und Moral ausgegeben werden. Es beinhaltet unbegrenzte Möglichkeiten, die der Staat bietet. In dem Film *Parama* von Aparna Sen vergißt die Heldin Parama bei ihrer monotonen Beschäftigung mit ihrem Mann, ihren Kindern und ihrem Haushalt, daß sie früher einmal Sitar gespielt und Gedichte rezitiert hat. Als sie ungefähr vierzig ist, bemerkt sie bei der Suche nach ihrem *mizorat* (einer Art Fingerhut, den man beim Sitarspielen trägt), daß er verrostet ist. Wenn sie, zwischen der Verabreichung von Medikamenten an ihre Schwiegermutter und der Beaufsichtigung der Hausaufgaben ihrer Kinder, überhaupt aus dem Haus geht, dann nur, um auf dem Markt einzukaufen oder Freundinnen zu besuchen. Auch Paramas Ehemann weiß gut, wie eingeschränkt die Bewegungsfreiheit seiner Frau ist.

Paramas Ehemann lädt seine Sekretärin beim Diktat in einem Hotelzimmer zum Essen ein. Bei der Einladung geht es nicht nur ums Essen. Von der jungen Frau wird erwartet, daß sie dem Chef ihren Körper anbietet.

Als hingegen Parama sich verliebt, steht alles Kopf. Sie wird angeblich unrein, wenn ein anderer Mann ihren Körper berührt. Eine Frau hat nicht die Freiheit, außerhalb des begrenzten Kreises ihrer Angehörigen zu Hause einen Menschen zu lieben, denn sie muß sich nach den Wünschen ihres Mannes richten. Aparna Sen akzeptiert diese Sklaverei nicht. In ihrem Film versucht sie zu zeigen, daß eine Frau sich zu jedem Zeitpunkt ihres Lebens verlieben kann und daß Schuldgefühle dabei unnötig sind. Jeder Mensch ist Herr oder Herrin über das eigene Leben. Die Ehrlichkeit, die Parama an den Wurzeln des Lebens gewonnen hat, kommt in einer Bemerkung zum Vorschein, die die höchste Wahrheit überhaupt ausdrückt: »Kein Mensch ist persönliches Eigentum eines anderen Menschen, selbst wenn die beiden eine gesellschaftlich anerkannte Beziehung zueinander haben.« Wie viele Menschen in unserer Gesellschaft sind bereit, das zuzugeben?

Eine Frau ist mit einem Kleid vergleichbar. Es ist ein Vergnügen, sie mit Seife und Soda zu waschen und zu säubern. Niemand hat etwas dagegen, ein altes Kleid fortzuwerfen, und jeder kauft mit Freuden ein neues. Ein Kleid wird hergestellt, um getragen zu werden, und je besser die Verarbeitung, je feiner und glänzender der Stoff ist, desto angenehmer trägt es sich. Wenn ein Kleid nicht mehr gebraucht wird, ersetzt man es durch ein anderes, einen Menschen ersetzt man durch einen anderen Menschen. Ein Kleid wird auf einen Bügel gehängt, und genauso hängt eine Frau im Haus ihres Mannes auf einem unsichtbaren Kleiderbügel. Sie ist zum Gebrauch da.

In einer Reihe von Haushalten habe ich beobachtet, daß die Frau sehr ärgerlich wird, wenn ihr Ehemann sich seine Taschentücher, Socken, Krawatten oder Manschettenknöpfe selbst heraussucht. Die Ehefrau hofft nämlich, daß ihr Mann sie bei jedem Handgriff braucht, sie hofft, daß sein Alltag und seine gewohnte Lebensweise ohne sie ganz aus den Fugen geraten und daß er unter ihrer Abwesenheit leidet. Also versucht sie, es so einzurichten, daß der Mann auf Schritt und Tritt von ihr abhängig ist.

Wenn es einem Ehemann nämlich gelingt, sich seine täglichen Bedürfnisse selbst zu erfüllen, und er zum Essen, Baden, Anziehen und so weiter seine Frau nicht braucht, dann befindet sie sich in großer Gefahr. Denn wenn er sie schon nicht aus Liebe bei sich behält, wird er es vielleicht um der häuslichen Bequemlichkeit willen tun. Aus lauter Schwäche setzen Frauen eine gewisse Gerissenheit ein, um ihre Männer von sich abhängig zu machen, damit sie bei ihnen bleiben dürfen und in Frieden im Haus ihres Mannes leben können.

Unsere Gesellschaft hat Frauen einen derart untergeordneten Rang zugeteilt, daß sie selbst in ihrem eigenen Zuhause eine Rolle spielen müssen. Um ein sicheres Obdach zu haben, sind sie gezwungen, auf der Familienbühne ihr schauspielerisches Talent zu erproben. Selbst ein noch so geringes Versagen bedeutet für die Frau den Ruin.

Vergewaltigung als Kriegsziel

Ich hatte die Augen geschlossen. Entspannt lag ich im Halbschlaf auf dem Bett. Da richtete jemand den Strahl einer Taschenlampe auf mein Gesicht. Sie unterhielten sich während der Strahl voll mein Gesicht traf. Sie sprachen eine Sprache, die ich nicht verstand. Es war Urdu.

Zu diesem Zeitpunkt wußte ich noch nicht, daß sie meinen Vater neben unserem Hauseingang an eine Kokospalme gebunden hatten. Ich wußte auch nicht, daß meine Mutter über den Hof in ein anderes Haus geflohen war, um sich dort zu verstecken. Mir war nicht einmal richtig klar, daß sie überhaupt gekommen waren. Ich hatte nur die Tritte von Stiefeln draußen und Rufe in einer fremden Sprache gehört. Und trotzdem, obwohl ich noch ein Kind war, spürte ich genau, daß etwas Schreckliches geschehen würde, etwas unaussprechlich Schlimmes. Und eben weil ich noch so klein war, brauchte ich nicht zu fliehen wie die anderen. Statt dessen lag ich hier still und bewegungslos auf meinem Bett.

Die Stiefeltritte kamen in mein Zimmer. Meine jüngere Schwester schlief neben mir. Die Tritte gingen im Zimmer umher und hielten neben meinem Bett inne.

Ich tat, als würde ich schlafen. Ich hörte nichts, ich sah nichts: Macht, was ihr wollt, aber weckt ein schlafendes Kind nicht auf! Das Licht der Taschenlampe fiel auf mein Gesicht. Würde das unfreiwillige Flakkern meiner Augen unter den geschlossenen Lidern mich verraten?

Was prüften sie in dem Licht? Mein Alter? Es schien ihnen nicht zu gefallen. Der Lichtstrahl wanderte weiter. In dem Bett neben meinem lag ein aufgeschlagener Koran, und auf den Seiten lagen zwei kostbare Armreifen meiner Mutter. Sie nahmen die goldenen Armreifen an sich und suchten im Schrank nach weiteren Wertsachen. Sie sprachen miteinander und lachten. Zweifellos bedauerten sie, daß ich noch so klein war. Warum bloß war das Kind nicht ein paar Jahre älter?

Wie versteinert lag ich da. Ihr brutales Lachen, ihre groteske Sprache, ihre schrecklichen Stiefeltritte verliehen mir eine merkwürdige Fassung: Ich sehe immer noch die Schlange über meinen Körper kriechen. Wenn ich älter gewesen wäre! Wenn ich fünfzehn, sechzehn, siebzehn, achtzehn oder neunzehn gewesen wäre, in diesem dunklen Zimmer, in dieser entsetzlichen, atemlosen Nacht!

Gab es niemanden in diesem Alter? Doch. Gab es keine mitternächtlichen Überfälle auf Häuser mit jungen Mädchen in diesem Alter? Doch, auch das geschah. Zahllose Frauen wurden mitgenommen. Sie nahmen meine Tante mit, meine Kusine, bekannte und unbekannte Frauen, Verwandte und Fremde. Das ist nichts Neues. Jeder weiß davon. Jeder weiß, daß Frauen 1971 in diesem Land von den pakistanischen

Soldaten systematisch vergewaltigt wurden. Aber man weiß bloß davon, man hat nur Kenntnis davon genommen, nicht mehr.

Der Schrecken herrschte in unserem Land: Morde, Folter, Plünderungen und Vergewaltigungen. Doch als die Menschen schließlich um die Ruinen herumstanden, einsam, verarmt, verstümmelt, mit dem Kummer um die fehlenden Lieben in jedem Knochen, da war etwas doch gleich geblieben ... Die Ansichten über Vergewaltigung hatten sich nicht geändert! Die Vergewaltigungsopfer wurden immer noch mißtrauisch angesehen, mit Fingern wurde auf sie gezeigt wie eh und je.

Warum blieb nur den Opfern von Vergewaltigungen jedes Mitleid versagt? Warum wird Vergewaltigung anders eingeordnet als die anderen Grausamkeiten, die die Soldaten der pakistanischen Armee so zahlreich begingen? Warum sollten allein Vergewaltigungsopfer nicht von der Gesellschaft rehabilitiert werden?

Was hat unser Unabhängigkeitskrieg uns gebracht, wenn er unser Denken nicht verändern konnte? Sollten die hellen Lichter der Festlichkeiten zum Jahrestag des Sieges nicht auch die dunklen Bereiche unserer Seelen wenigstens ein bißchen erleuchten? Wenn das nicht möglich ist, was nur hat der Sieg uns dann gegeben?

Die Befreiung hat die Mörder aus dem Land gejagt, aber die Dunkelheit in unserer Kultur hat sie nicht vertrieben. An der Perversität, mit der weibliche Kriegsopfer selbst nach über zwei Jahrzehnten noch geächtet werden, hat sich nichts geändert. Nein, der Kampf ist noch nicht zu Ende. Wir brauchen eine weitere Bewegung, um das Leiden im Unabhängigkeitskrieg zu rechtfertigen, eine Bewegung, die uns wahre Befreiung bringt.

Müssen wir auf eine weitere Katastrophe warten, bevor diese Opfer rehabilitiert werden können? Wie viele Morde, wie viele Vergewaltigungen müssen noch verübt werden, bis die Opfer stolz dastehen können und nicht verurteilt werden, sondern statt dessen die Grausamkeit der Männer verurteilen dürfen? Wie viele Kriege werden wir noch brauchen, bis wir Wahrheit und Gerechtigkeit erkämpft haben?

Der Jahrestag des Sieges wird Jahr für Jahr festlich begangen. Alle tanzen vor Freude in diesem unglücklichen, schlecht regierten Land der Dritten Welt. An jedem winterlichen Morgen des 16. Dezember stehe ich auf der Veranda und beobachte die Festlichkeiten und spüre wieder die eisige Kälte der Schlange, die über meinen Körper gleitet. Ich brauche nur die Augen zu schließen, und schon spüre ich den Strahl der Taschenlampe auf meinem Gesicht. Sie schätzen mein Alter. Die obszönen Feierlichkeiten unter mir treiben mir die Tränen in die Augen. Wer hört auf mich als Frau? Wer hört auf Frauen? Gibt es irgendein Gesetz, irgendeine Macht? Die Unabhängigkeit hat vielen Menschen vieles gebracht. Was hat sie den Frauen gebracht?

Unsere Intellektuellen

Ein bekannter Romanautor dieses Landes ist neulich Vater eines Sohnes geworden. Er hat bereits drei Töchter, die weder blind, taub, lahm oder in irgendeiner Weise geistig behindert sind. Alle sind schön und gesund und glänzen mit einem scharfen Verstand. Warum war noch ein weiteres Kind nötig? Doch es ging nicht einfach um ein Kind, sondern um einen Jungen. Das Verhalten des hervorragenden Schriftstellers, der idealisiert wird und dessen Lebensweise man nachahmt, ist, dessen bin ich mir sicher, kein Vorbild für Ehrlichkeit oder für Toleranz, was immer sonst sein Verlangen nach einem Sohn den Leuten auch geben mag.

Ich habe gehört, daß seine Sehnsucht nach einem Sohn ihn an heilige Orte geführt hat, wo unser wissenschaftlich orientierter Schriftsteller mit einem Käppchen auf dem Kopf betete. Nachdem er sich an die heiligen Orte begeben hatte und die dort erhaltenen Amulette trug, stärkte die Geburt seines Sohnes schließlich seine Vaterschaft und bestätigte ihn gleichzeitig in seiner Männlichkeit.

Was haben seine unzähligen Leser, seine zahllosen Bewunderer, die ihm nacheifern, daraus gelernt? Sie haben gelernt, daß es nicht reicht, drei Töchter zu haben, daß aber ein einziger Sohn als Nachkomme ausreicht und daß die Produktion erst eingestellt werden sollte, wenn ein Sohn geboren worden ist. Sie haben gelernt, daß Frauen ihre angeborene Behinderung nicht überwinden können, selbst wenn Körper und Geist voll entwickelt sind.

Es ist offensichtlich leicht, Geschichten mit großartigen moralischen Lehren zu schreiben, aber diese moralischen Lehren selbst zu befolgen, scheint nicht möglich zu sein.

—✱—

Dieser Frauenfeind, dessen Hauptthema sein Haß auf Frauen ist, der die ständige Angewohnheit hat, Frauen in unsäglicher Sprache zu beleidigen, ebendieser Frauenfeind möchte sich mit der Veröffentlichung eines »feministischen Buches« Anerkennung verschaffen. Anerkennung ist immer eine feine Sache. Der Mann, der früher Anerkennung dafür bekam, daß er Gedichte schrieb, die Frauen erniedrigen, ebendieser Mann wird jetzt dafür gelobt, daß er ein feministisches Buch geschrieben hat – bei diesem extrem widersprüchlichen Verhalten ist »Anerkennung« die einzige Konstante. Männer sind immer darauf aus, egal was sie tun. Im Grunde spielen sie mit den Frauen. Wann immer sie wollen, zerbrechen sie sie und bauen sie dann so wieder auf, wie es ihnen gefällt. Dieses lustige Spielchen mit Frauen bringt Männern mit Sicherheit Lob und sogar Heldenruhm ein.

Abgesehen davon geht es ums Geschäft. In diesem Land braucht man weder Verstand noch Kapital, um mit Frauen Geschäfte zu machen, man macht in jedem Fall Profit. Niemand hat jemals bei seinen Geschäften mit Frauen Verluste erlitten. Statt dessen nahmen Reichtum, Ruhm, Einfluß und alles andere zu.

Auch der frauenfeindliche Autor wird bis ans Ende seiner Tage im Wohlstand leben.

—✱—

Ich weiß von einem berühmten Dichter in diesem Land, der Vorbereitungen für seine zweite Ehe traf. Täglich übte er Druck auf seine Frau aus, indem er sie aufforderte, die Scheidung einzureichen, um das *denmohar*, das Geld, das er ihr bei der Hochzeit im Falle einer von ihm ausgesprochenen Scheidung versprochen hatte, nicht an sie auszahlen zu müssen. Als die Frau sich weigerte, drohte der berühmte Dichter ihr: »Ich werde das Gerücht verbreiten, daß du einen schlechten Charakter hast. Wenn du nicht sofort in meinen Vorschlag einwilligst, erzähle ich allen, daß du eine Prostituierte bist.«

»Körperliche Beziehungen« sind der Maßstab dafür, ob der Charakter einer Frau gut oder schlecht ist. Nichts eignet sich besser, um eine Frau loszuwerden, als ihr einen Charakterfehler anzuhängen.

Schließlich hatte der Dichter seine zweite Ehe geschlossen. Er drohte seiner ersten Frau damit, Gerüchte über ihre charakterlichen Mängel zu verbreiten, wenn sie seine Vorschläge nicht annehmen würde. Guter Ruf ist etwas, das man sich bewahren muß, und das gilt besonders für Frauen. Ihnen bleibt nichts, wenn sie dieses kostbare Gut nicht sorgsam behüten. Es ist der einzige Schatz der Frau. Es schickt sich nicht für sie, in der Gesellschaft zu leben, wenn sie diesen Schatz verloren hat. Die *satitwa* (Züchtigkeit) ist es, die den Charakter einer Frau beschützt. Früher wurde diese Züchtigkeit durch die Praxis der Selbstverbrennung der Witwen auf dem Scheiterhaufen des Mannes geschützt. Heute gibt es diese Praxis nicht mehr. Nun bewachen die männlichen Familienangehörigen die Keuschheit und die eheliche Treue einer Frau. In ihrem eigenen Interesse stellen diese Männer eine Frau manchmal als *sati* (züchtig) und manchmal als *asati* (unzüchtig) dar. Das ist so einfach, daß unser berühmter Schriftsteller seine erste Frau für *asati* erklärt hat, um eine zweite Ehe eingehen zu können. Niemand schämt sich dabei oder scheut sich oder hält sich zurück, mag er auch ein noch so großer Dichter oder Maler, Künstler oder Industrieller sein.

Das Leben kommt nicht wieder, Dolly

Ich möchte dich Dolly nennen. Weder Dolly Ibrahim, nach deinem Vater, noch Dolly Anwar, nach deinem Ehemann, sondern einfach Dolly. Ich bin dir nie begegnet, aber es gibt Menschen, denen man nicht persönlich begegnen muß: Das Herz kennt sie. Smita Patil habe ich auch nie persönlich kennengelernt – doch als Smita starb, trug ich den Kummer lange mit mir herum, länger vielleicht, als wenn jemand aus meiner Familie gestorben wäre.

In den Zeitungen haben sie auf deine »familiären Probleme« angespielt. Na gut, in den Zeitungen schreiben sie viel. Ich weiß nichts von deinem Glück oder Unglück, weder direkt noch aus besonderen Quellen. Wenn ich glaube, was in den Zeitungen steht, dann stimmt es wohl, daß du am letzten Montag ein Einschreiben nicht angenommen hast. Du wußtest, daß es das Scheidungsdokument von deinem Ehemann war.

Mir ist gleichgültig, ob dein Mann ein reicher Geschäftsmann, ein erfolgreicher Wissenschaftler oder ein berühmter Fotograf war. Ich interessiere mich für dich. Du bist Dolly, und du kannst selbst Leistungen auf künstlerischem Gebiet nachweisen. Es liegt mir fern, sie nicht zu respektieren. Aber du selbst bist es, die ihre Begabung herabwürdigt. Denn wenn deine Familie, deine Scheidung, dir wichtiger sind als deine Begabung, dann kann ich nur ein gewisses Mitleid mit deinem Talent haben.

Wie konntest du es wagen, das Insektengift zu schlukken? Du solltest dich schämen, Dolly! Ich verurteile dich im Namen aller Frauen. Dein Mann hat euren gesamten gemeinsamen Besitz aus dem Haus mitgenommen und dir das Scheidungsdokument geschickt: Das hat dir solchen Kummer bereitet, daß du dich umbringen mußtest?

Eure Beziehung war nicht besonders gut. Na und? Im Auf und Ab des Lebens bewegt man sich doch weiter, wie Flüsse, die ihre Richtung ändern und neue Ufer schaffen. Ein Menschenleben ist kein stehender Tümpel, Dolly, so eng umgrenzt, daß eine einzige Verletzung den Lebenswillen vergiftet. Und ein Menschenleben ist auch kein Besitz, kein Stück Eigentum, kein Garten; daß der Eigentümer fehlt, darf nicht zur Verwahrlosung führen, und ohne Gärtner darf es nicht verunkrauten. Warum hältst du dich, bloß weil du ein paar Rückschläge erlitten hast, für so unbedeutend, für so minderwertig? Hast du in deinem Leben denn nicht auch Erfolge zu verzeichnen?

Du warst verletzt. Aber wer wird nicht verletzt im Leben? Wenn eine gebildete, begabte Frau wie du sich von dieser »Verletzung« zerschmettern läßt, dann wird die Bedrohung durch diese »Verletzung« so groß, daß normale Frauen sich notgedrungen sogar noch tiefer davor beugen werden. Ist das nicht ungerecht, Dolly? Ist es nicht eine Ungerechtigkeit, daß du dein Leben einem banalen Scheidungsdokument opferst? Ist es nicht eine Ungerechtigkeit, sich von persönlichen Gefühlen besiegen zu lassen?

Was hast du dadurch gewonnen, daß du dir das Leben genommen hast? Was hättest du verloren, wenn du nicht Selbstmord verübt hättest? War dein Leben wirklich so unerträglich? Haben andere es denn so leicht im Leben? Ist ein Leben als alleinstehende Frau so schwer, daß es unmöglich ist? Oder hattest du Angst vor der Gesellschaft? Wenn du dieser verdorbenen Gesellschaft nicht ins Gesicht spucken kannst, du, die Heldin eines wunderbaren Filmes, wer kann es dann? Was hast du durch deinen Selbstmord gewonnen?

Das Leben kommt nicht wieder; du wirst nicht noch einmal die Chance haben, eine wundervolle Rolle zu spielen. Man lebt nur einmal: Frage die notleidende Bettlerin auf dem Bürgersteig, wie lieb ihr das Leben ist, oder sieh dir an, wie verzweifelt die Krebspatientin am Leben hängt! Und trotzdem hast du ein gesundes, schönes Leben mit eigener Hand umgebracht! Ich bin sehr zornig, Dolly.

Du warst eine Frau. Eine Frau muß für ihre Geburt auf folgende Weise büßen: Sie muß die langen, schmalen, wackligen Brücken überqueren, sie muß quälend gewundene Wege entlanggehen, durch Staub und Schlamm und durch Wälder und über Berge. Es ist kein leichtes Leben. Warum hat es dich so geängstigt, wenn wir anderen Frauen uns doch an den steinigen Weg, der unser Schicksal ist, gewöhnt haben?

Dein Leben gehört dir. Es gehört weder deinem Vater noch deiner Mutter, noch deinem Ehemann. Du mußt dein Leben in so viele Stücke zerbrochen haben, es so oft unterteilt haben, daß dir schließlich nichts mehr davon blieb. Andere haben dich mit ihrer Zuneigung und ihrer Liebe und damit, daß sie dich verlassen haben, mit ihrer Wärme und ihrer Kälte, manipuliert. Das macht mich sehr wütend, Dolly!

Wenn Selbstmord eine Lösung für Probleme wäre, dann wären alle Frauen inzwischen tot. Doch Bildung schenkt Inspiration, Kunst macht Mut, und wir leben weiter. In tausend Städten und Dörfern verüben täglich zahllose Fatimas, Zohuras, Khaledas und Sarwarsotis Selbstmord. Bist du nicht anders als sie, Dolly? Bist du genauso wie die Frauen, die meinen, sie könnten nur bei ihrem Mann Schutz und Stärke finden?

Du warst sehr leidenschaftlich. Solche Menschen sind mir lieber als die kühlen, stillen. Aber warum mußte deine Leidenschaftlichkeit zu der Entscheidung führen, dir das Leben zu nehmen? Warum hat deine Leidenschaft deinen Mut und deinen Geist geschwächt? Warum hat sie ein Attentat auf dich verübt? Du solltest dich schämen! Tausendfach schämen sollte sich dein Herz, das so schwach war! Ich verurteile dich im Namen aller Frauen, Dolly! Ich hoffe, daß niemals wieder eine Frau geboren wird, die so feige, so schwach und so abhängig von Männern ist, wie du es warst.

Das Hausmädchen und der Koran

Ich spreche hier von einem distinguierten Herrn unserer Gesellschaft. Er ist mit seinen Aktivitäten im diesseitigen Leben, mit seinem Haus und seiner Familie, seinem Beruf und seinem Unternehmen nicht im geringsten unzufrieden, und er fürchtet auch nicht für sein Leben nach dem Tode. Morgens nach dem Frühstück geht er ins Büro. Sein Mittagessen nimmt er im Kreise von Frau und Kindern ein. Manchmal besucht er Verwandte und Freunde. Vergangenheit und Zukunft bereiten ihm überhaupt keine Sorgen.

Neulich geschah im Leben dieses Mannes ein Unglück. Es passierte, als er gerade dabei war, sein Abendgebet zu beenden. Er saß auf seiner Gebetsmatte, und in dem Augenblick, als er den Kopf nach rechts wandte und dabei die Worte *Assalamu Alaikum Owa Rahamatullah* sprach, bemerkte er Zarina, ein einfaches Mädchen von fünfzehn Jahren, die sich, nach beendeter Hausarbeit auf das Geländer der Veranda gestützt, ein Weilchen ausruhte. Der Herr konnte seinen Blick nicht von ihr nehmen, er wandte sich nicht mehr nach links, und sein Gebet blieb unvollendet.

Von da an beobachtete der Herr Zarina heimlich, so daß andere Familienmitglieder es nicht sahen. Während er Zarina beobachtete, war es, als würde jemand das Öl der Verlockung in die Flammen seines Körpers gießen. Tag für Tag bezähmte er diesen Ansturm der Versuchung. Er hatte schließlich eine schöne, gebildete Ehefrau im Haus. Doch seine Gedanken blieben auf einen müden, verschwitzten, übelriechenden Körper gerichtet. Seine Gedanken widersetzten sich seiner Kontrolle.

Eines Tages kamen seine ungezähmten Gedanken zum Ausbruch. Der Herr kam an diesem Tag früher als gewöhnlich von der Arbeit zurück, als alle anderen noch außer Haus ihren jeweiligen Beschäftigungen nachgingen, und nur Zarina war im Haus. Er drückte ihr einen Hundert-Taka-Schein in die Hand und sagte, niemand dürfe etwas davon erfahren. Eine Schlange stöhnte in seinem Körper.

Aber man kann das Feuer nicht mit der Asche löschen. Eines Tages erfuhren alle davon. Seine Frau weinte, die Kinder heulten. Die Nachbarn versammelten sich morgens und abends im Haus. Der Geschmack von Zarinas Körper hatte die Leidenschaft des Herrn geweckt. Er weigerte sich, sie mit fester Hand aus dem Haus zu weisen.

Eines Tages kamen seine Verwandten und seine Eltern, um im Wohnzimmer eine Beratung abzuhalten. Man versuchte, eine Lösung zu finden, bei der der Herr nicht das Gesicht verlor. Schließlich war er ein Mann. Ein Mann kann andere Sehnsüchte und Vorlieben haben. Es ist gar nicht so ungehörig, wenn er nach seiner anstrengenden Tätigkeit außer Haus ein paar moralische Fehltritte begeht. Und was berechtigt uns überhaupt, seine Handlung als Fehltritt anzusehen? Der heilige Koran selbst erlaubt sexuelle Vergnügungen mit Sklavinnen.

Schließlich betrachtete man das Problem unter diesem Gesichtspunkt, denn Allah hat verkündet: »Und so ihr fürchtet, nicht Gerechtigkeit gegen die Waisen zu üben, so nehmt euch zu Weibern, die euch gut dünken, (nur) zwei oder drei oder vier; und so ihr (auch dann) fürchtet, nicht billig zu sein, heiratet nur eine oder was eure Rechte (an Sklavinnen) besitzt.« (Sure »Die Weiber«, Vers 3). »Und (verwehrt sind euch) verheiratete Frauen außer denen, die eure Rechte besitzt.« (Sure »Die Weiber«, Vers 28).

Damit ist klar, daß der Geschlechtsverkehr mit Dienstmädchen nicht untersagt ist. In Vers 52 der Sure »Die Verbündeten« heißt es: »Dir sind hinfort keine Weiber mehr erlaubt noch darfst du für sie andre Gattinnen eintauschen, wenn dir auch ihre Schönheit gefällt, es sei denn für (die Sklavinnen), die deine Rechte besitzt.«

Und in der Sure »Die Stufen« steht in Vers 29 und 30: »Und die ihre Scham hüten, außer gegen ihre Gattinnen oder was ihre Rechte besitzt; siehe, (hierin) sind sie nicht zu tadeln.«

Das heißt, es ist legal, mit einem Dienstmädchen zu schlafen. Es ist keine Sünde, eine sexuelle Beziehung zu einer Hausangestellten zu haben. Häuser, Felder, Pferde und Frauen des besiegten Feindes gehen in den Besitz des Siegers über, und es ist legal, daß er sie alle zu seinem Vergnügen benutzt. Und nicht nur das. Allah hat auch verkündet: »Wir wissen wohl, was wir für sie verordneten in betreff ihrer Gattinnen und (der Sklavinnen), die ihre Rechte besitzt, auf daß du keine Sünde begehst.« (Sure »Die Verbündeten«, Vers 50).

Wenn das Gesetz ist, dann ist der Geschlechtsverkehr für einen Mann mit einer gekauften Sklavin oder mit einem angestellten Dienstmädchen weder ungehörig noch gesetzwidrig.

Jener Herr erhielt die Zustimmung der führenden Köpfe unserer Gesellschaft. Er hat keinen Grund, mit seinem Schicksal zu hadern. Er geht weiterhin nach dem Frühstück ins Büro. Sein Mittagessen nimmt er mit Frau und Kindern am selben Tisch ein. Abends geht er seinen Verabredungen nach, macht Besuche im Museum, im Zoo und bei seinen Freunden. Und wenn die Lust dazu ihn überkommt, dann stehen ihm Zarina, Fatima oder Ayesha zur Verfügung. Der Herr macht sich nicht die geringsten Sorgen wegen seiner derzeitigen Situation.

Die Ehefrau des Herrn möchte protestieren. Sie weint vor Kummer und Schmerz. Aber welche Rolle spielt das? Letztendlich muß sie sich mit dem Gedanken trösten, daß die Worte des Korans nicht zu leugnen sind. Warum sollte ein Mann die vorteilhafte Position, die Allah ihm geschenkt hat, nicht nutzen?

Frauen im Beruf I

Ich glaube nicht, daß es in diesem Land einen erfreulicheren Anblick gibt, als wenn Frauen zur Arbeit in die Textilfabriken gehen. Im Leben der Frauen, die nicht lesen und schreiben lernen dürfen, die sich auf eine Ehe im Kindesalter vorbereiten, deren Familien Not leiden oder die von ihren Männern verlassen oder aus dem Haus geschickt wurden oder die mitverdienen müssen, damit es für die Familie reicht, hat eine Veränderung stattgefunden. Mit ihrem Mittagessen in der Hand treten sie auf die Straße hinaus, sie gehen durch die Stadt, sie fahren Bus, sie unterschreiben, sie arbeiten von morgens bis abends. Frauen, die nie ihr Haar eingeölt hatten, benutzen jetzt Öl, das sie von ihrem eigenen Geld gekauft haben. Frauen, die Schuhe nicht einmal angezogen haben, um zu sehen, wie sie darin aussehen, kaufen sich jetzt selber welche. Sie essen Reis und Fisch und bezahlen mit ihrem eigenen Geld. Das ist mit Sicherheit ein würdevolleres Leben, als Hätschelfrauchen eines reichen Mannes zu sein.

Diejenigen, die die Beschäftigungsmöglichkeiten für Frauen weiterhin auf die Tätigkeiten als Krankenschwester, Lehrerin und Sekretärin reduziert sehen wollen, geben doch nur die üblen Vorurteile der Männer wieder. Gibt es denn Bereiche, in denen Frauen keine Fertigkeiten besitzen? Warum sollte ihre berufliche Bewegungsfreiheit so eingeschränkt sein? Warum sollten sie nicht unbegrenzte Möglichkeiten haben? So wie Frauen Ärztinnen, Ingenieurinnen oder Architektinnen werden können, so können sie auch Pilotinnen, Busfahrerinnen oder Rikschafahrerinnen, Journalistinnen oder Parlamentsmitglieder werden. Frauen arbeiten als Filmschauspielerinnen. Genauso müssen sie auch Drehbuchschreiberinnen, Regisseurinnen, Beleuchterinnen, Kamerafrauen und alles andere werden. An Arbeit herrscht auf der Welt kein Mangel. Eine Frau sollte ihr Können und ihre Kompetenz ungehindert in jedem Beruf unter Beweis stellen dürfen. Die Zeiten, in denen Frauen in ihrer Freizeit im sozialen Bereich arbeiteten, sind vorbei. Jetzt müssen Frauen Risiken eingehen und große Verantwortung auf sich nehmen, sonst wird ihre Situation sich nicht weiter verbessern. Frauen müssen sich in alle Ecken und Winkel der Gesellschaft hinein ausbreiten. Wenn sie das nicht tun, dann wird ihr Leben sich weiterhin in engen Grenzen abspielen.

Die Frauen müssen sich entscheiden, ob sie aufbegehren und den Beschränkungen trotzen oder ob sie ihr Leben weiterhin damit zubringen wollen, einen Mann zu bedienen und zu versorgen.

Alltag

Wenn eine Frau einen Fahrstuhl betritt, deutet der Fahrstuhlführer auf eine Ecke und weist sie an, sich dorthin zu stellen. Er tut das, damit sie keine Tuchfühlung mit den Männern hat. Wenn Männer dicht neben einer Frau stehen, strecken sie die Hände nach ihr aus, und nicht nur das, sie drücken sich an sie, mit Ellbogen und Armen, mit Beinen und Füßen, Brust und Hintern. Der Fahrstuhlführer ist ein Mann, und Charakter und Verhalten der Männer sind ihm wohlbekannt.

—✱—

Wenn eine Frau allein in einen Bus einsteigt, weist der Schaffner ihr einen Platz neben einer anderen Frau zu. Wenn keine andere Frau da ist, setzt er sie neben einen alten Mann oder bestenfalls neben einen kleinen Jungen. Der Schaffner ist selbst ein Mann. Er kennt den Charakter der Männer. Er ist erleichtert, wenn er Frauen neben Greise und minderjährige Jungen setzen kann.

—✱—

Frauen sitzen auf dem Sozius von Honda-Motorrollern, indem sie beide Beine zu einer Seite herunterhängen lassen. Würde es irgend jemandem schaden, wenn sie rittlings auf dem Motorroller säßen? Keineswegs, im Gegenteil, sie könnten sich leichter vor Unfällen schützen. Aber woher stammt diese Praxis, die Beine zusammenzuhalten? Hat sie in dieser merkwürdigen Gesellschaft ihren Ursprung, in der Frauen sich klein machen müssen, in der man sie daran hindert, ihre Hände, ihre Beine und ihre Arme auszustrecken, in der sie um so größeres Lob ernten, je unauffälliger sie bleiben?

Ich lernte einen jungen Mann kennen. Nach drei Tagen unserer Bekanntschaft wurde verkündet, wir hätten geheiratet. Nach fünf Tagen hieß es, wir hätten ein Baby. Ich bin begeistert von der Phantasie der Leute. Vielleicht heften Männer, weil sie im allgemeinen nicht die Möglichkeit haben, eine Frau ganz aus der Nähe zu betrachten – abgesehen von ihren Ehefrauen und von Prostituierten –, ihre funkelnden Augen auf alle anderen Frauen, die sie zufällig sehen. Mit ungezügelter Lust erfinden sie Geschichten über Frauen, die ihnen am Teetisch zur Erheiterung dienen. Machen Frauen auch nur ein Tausendstel der amourösen Späße, über die Männer sich auf Kosten der Frauen amüsieren?

Die Tyrannei der Fatwabaz*

Fünfunddreißig Frauen aus dem Dorf Badekusha sind neulich durch den Schiedsspruch des Imams der Moschee und der Dorfältesten aus der Gemeinschaft ausgestoßen worden. Aus der Gemeinschaft ausgestoßen zu werden, kommt beinahe dem Todesurteil gleich. Die Sünde der fünfunddreißig Frauen bestand darin, daß sie Geburtenkontrolle anwendeten und Darlehen bei der Gramin Bank aufnahmen. Warum sollten Frauen Familienplanung betreiben? So dachten die Mullahs. Wenn man verhütet, heißt das, daß man sich gegen Allah wendet. Wenn Allah einen Fötus schenkt, hat ein Mensch, und insbesondere eine Frau, nicht das Recht, diesem Fötus den Eintritt in die Welt zu verweigern. Die Familienplanungsbewegung ist derzeit in unserem Land sehr stark, und zur selben Zeit wird in einem Dorf in ebendiesem Land Verhütung als Verbrechen angesehen. Seit mehreren Jahren ruft die Regierung nach der Anwendung des Programms zur Familienplanung. Doch die Mullahs von Badekusha besitzen die Frechheit, mit einer einzigen Fatwa das wichtigste Programm der Regierung außer Kraft zu setzen. Und

* Mullahs, die Fatwas verkünden. (A.d.Ü.)

diejenigen, die dieses Programm befolgen, um voranzukommen, werden ausgestoßen und von den Mullahs geächtet.

Fünfunddreißig moderne, unabhängig denkende Frauen leben nun in Kummer und Elend, weil sie aus der Gemeinschaft ausgestoßen wurden. Es übersteigt die Fähigkeiten normaler Menschen, den Richterspruch eines Imams und der Dorfältesten zu annullieren. Die Einwohner des Dorfes waren nicht in der Lage, den Urteilsspruch rückgängig zu machen. Die fünfunddreißig Frauen wurden ausgestoßen und nahmen vor der versammelten Dorfbevölkerung das Urteil an. Was blieb ihnen anderes übrig? Was können Frauen anderes tun?

Die Fatwas der Mullahs prasseln meistens auf Frauen nieder, wie mit Bulldozern werden sie von ihnen zermalmt, denn Frauen gehören einer Gruppe an, die sich allem beugt. Sie sind eine Gruppe, die kein Wort sagt, selbst wenn ihnen das Herz bricht. Aber wie lange noch werden die Frauen unter dem Schwert der bösen Mullahs den Nacken beugen? Der Name dieses Schwertes ist eigentlich Satanie. Diese teuflische Grausamkeit gegen Frauen findet überall statt. Die Mullahs benehmen sich Frauen gegenüber wie Teufel. Von wie vielen ausgestoßenen Frauen erfahren wir denn überhaupt? Wir stürzen uns auf jedes bißchen Information, das wir bekommen. Und wir stöhnen vor Schmerz.

Wie leben die fünfunddreißig Frauen heute? Ich weiß es nicht. Wer herrscht eigentlich in dieser Gesellschaft? Wer hat diese Frauen ausgestoßen? Woher haben sie das Recht dazu genommen? Wer regiert dieses Land? Hätten wir jemals gedacht, daß das Land von Mullahs und Dorfältesten geführt werden würde? Wir, die wir gelernt haben, von Wahrheit, Gleichheit und Schönheit zu träumen, die wir gelernt haben, über Säkularismus und Sozialismus zu sprechen, sollen wir nach über zwanzig Jahren der Unabhängigkeit mitansehen, wie eine barbarische Administration im Namen der Religion über unsere schönen Dörfer herrscht?

Ich bin stolz auf Bangladesch. Es ist mein Land. Es ist die Heimat meiner Vorfahren. Es ist mein fruchtbares Feld, mein friedliches Zuhause im Schatten grüner Bäume ... Es ist mein Himmel, meine klare Luft. Dieses Land der üppigen Ernten wird von der schrecklichen Macht der Mullahs besetzt, die wie ein Heuschreckenschwarm darüber herfallen.

Sie benutzen die Fatwa als Mittel ihrer Politik. Sie treiben eine Art Spiel mit Menschen, als ob Kinder mit Puppen spielen. Die Menschen sind Puppen in ihren Händen. Es scheint, als wäre die Religion im Besitz der Mullahs. Sie tragen lange islamische Gewänder und Käppchen, sie malen sich ein Zeichen auf die Stirn, wenn sie beten, sie rasseln mit den Gebetsketten, und schon wird die Religion zu ihrem unveräußerlichen Besitz! Können wir das hinnehmen?

Dieses Spiel darf nicht weitergehen. Wir sollten lieber die Mullahs aus der Gesellschaft ausstoßen. Die junge Generation sollte das stolze Versprechen ablegen, alle Fatwabaz, alle Mullahs, die Fatwas verkünden, nicht nur die aus Badekusha, sondern alle im ganzen Land, aus der Gemeinschaft auszustoßen. Mullahs, die Fatwas verkünden, werden eines Tages ausgerottet sein – wahrscheinlich lebe ich dann noch, weil ich davon fest überzeugt bin und weil ich immer noch stolz auf dieses Land bin.

Studentinnen

Die Leitung zweier Studentinnenwohnheime der Jahangir-Nagar-Universität hat kürzlich an die Eltern der Bewohnerinnen einen Brief verschickt. Der Brief beginnt folgendermaßen: »In Paragraph 4 der Wohnheimordnung der Jahangir-Nagar-Universität wird festgelegt, daß die Türen des Studentinnenwohnheims um 18.30 Uhr geschlossen werden und daß die Studentinnen sich ohne eine vorherige Genehmigung der zuständigen Aufsicht nach dieser Zeit nicht außerhalb des Wohnheims aufhalten dürfen. Diese Regelung ist seit langem in Kraft und dient der Sicherheit der Studentinnen. Seit kurzem jedoch fordern einige Studentinnen unter verschiedenen Vorwänden und im Namen gleicher Rechte für Studenten und Studentinnen, daß die Türen der Studentinnenwohnheime bis 21.00 Uhr und zu bestimmten Anlässen bis 22.00 Uhr geöffnet bleiben.«

Erst einmal ist es verwunderlich, daß für die Rückkehr der Studentinnen in ihre Wohnheime überhaupt eine bestimmte Zeit festgesetzt wurde. Schließlich sind sie Universitätsstudentinnen und keine Kindergartenkinder. Sie verlaufen sich nicht, und man braucht sich auch, anders als bei Kleinkindern, keine Sorgen zu machen, daß sie beim Überqueren der Straße überfahren werden könnten. Es sind erwachsene Frauen, und sie sind selbst in der Lage, Gefahren einzuschätzen. Außerdem möchten sie vielleicht in der Bibliothek studieren, die bis acht Uhr abends geöffnet ist und in der ihre männlichen Kommilitonen ungehindert arbeiten dürfen. Oder sie möchten mit einer Freundin oder mehreren Freundinnen spazierengehen und plaudern. Und vielleicht möchte eine junge Frau sogar ganz ohne Begleitung allein durch die Dämmerung gehen und sich irgendwo hinsetzen und eine Tasse Tee trinken. Solche Wünsche sind ganz natürlich. Menschen sind keine Hühner, Kühe oder Ziegen, die abends in den Stall getrieben werden müssen. Wenn man die Wohnheime der männlichen Studenten zu solchen Viehställen machen würde, würden sich ihre Bewohner dann wohl dieser Anordnung fügen? Ganz bestimmt nicht. Und sind die weiblichen Studenten nicht ebenso intelligent wie die männlichen? Bekommen sie an der Universität eine Ausbildung zweiter Klasse? Keineswegs.

Wer schreibt sich an der Universität ein? Es sind intelligente, vorurteilsfreie und ehrgeizige junge Frauen. Keine Wohnheimleitung darf das Recht haben, ihre Freiheit derart zu beschneiden. Ich bin selbst eine Frau. Diese Beleidigung der Frauen tut mir weh. Ich halte diese Vorschrift für eine ungeheure Kränkung. Die Studentinnen benutzen »Vorwände«, sie stellen Forderungen im »Namen gleicher Rechte für Studenten und Studentinnen« – diese Worte des Wohnheimleiters zeigen, daß er die Forderung nach gleichen Rechten für männliche und weibliche Studentinnen für nicht gerechtfertigt hält. Es ist, als wäre es eine Sünde, diese Forderung zu stellen, als wäre dieses Verlangen in den Augen der Gesellschaft und nach den Vorschriften der Universität aufs schärfste zu verurteilen. Personen, die in der höchsten Bildungsstätte unseres Landes eine leitende Position innehaben, scheuen sich nicht, die Forderung nach Gleichberechtigung für Männer und Frauen lächerlich zu machen.

Wer gefährdet die Sicherheit von Studentinnen? Männliche Studenten? Wenn die Studenten tatsächlich eine Gefahr für die Studentinnen darstellen, liegt die Abhilfe dann darin, vor Einbruch der Dämmerung das Studentinnenwohnheim zu schließen? Wäre es dann nicht eher angebracht, gegen die beschuldigten Studenten entsprechende Maßnahmen zu ergreifen? Ich bin sicher, daß jeder vernünftige Mensch es für richtig halten wird, Schritte gegen die Angreifer zu unternehmen. Und wenn die Sicherheit der Studentinnen nicht durch Studenten, sondern durch Übeltäter von draußen gefährdet ist, dann wäre es meiner Meinung nach angebracht, Schritte gegen diese Störenfriede einzuleiten. Das Problem wird jedenfalls nicht dadurch gelöst, daß man die Studentinnen einschließt.

Viele Studentinnen der Naturwissenschaften würden gern abends nach ihrer Arbeit im Labor oder am Vorabend von Prüfungen in der Bibliothek arbeiten, doch das ist ihnen nicht möglich, obwohl die männlichen Studenten es dürfen. Wenn die Studentinnen abends in die Bibliothek gehen möchten, brauchen sie die schriftliche Genehmigung der Wohnheimleitung. Die Universitätsleitung sollte für Studentinnen die gleichen Studiermöglichkeiten bereitstellen wie für Studenten, sie sollte die Intelligenz und die Fähigkeiten der Studentinnen anerkennen, sie sollte die Studentinnen als Menschen betrachten. Wenn aber statt dessen die Leitung unter dem Vorwand der Sicherheit die persönliche Freiheit einschränkt, dann ist das ein Angriff auf die Zivilisation.

Wenn der Wohnheimleiter seine Besorgnis um die Sicherheit der Studentinnen zum Ausdruck bringt, beunruhigt er damit die Eltern, zumal wir uns in einem Land befinden, in dem Väter zögern, den Mädchen überhaupt eine Ausbildung zu gestatten, und in dem junge Mädchen aus konservativen Mittelschichtsfamilien einen heftigen Kampf ausfechten müssen, bevor sie auf die Universität gehen dürfen. Dieses Ereignis wird die Väter also nicht gerade dazu ermutigen, ihren Töchtern ein Universitätsstudium zu erlauben. Ist das für unsere Gesellschaft von Nutzen?

Studentinnen, wehrt euch! Es darf keine feste Zeit geben, zu der ihr zu Hause sein müßt, und das gilt nicht nur für die Jahangir-Nagar-Universität, sondern für alle Universitäten. Ihr dürft nicht nach dem Grund gefragt werden, wenn ihr das Wohnheim verlaßt, und ihr solltet auch nicht erklären müssen, warum ihr erst am späteren Abend zurückkehrt. Unfälle können euch ebensogut am hellichten Tag zustoßen. Der Staat ist für den Schutz seiner Bürger und Bürgerinnen verantwortlich. Ich hoffe und glaube, daß ihr euch nicht weiter beleidigen laßt!

Frauen im Beruf II

Wie viele Stunden täglich arbeiten die Frauen in den Textilfabriken? Acht, zehn oder zwölf? Oder noch mehr? Es sind arme Analphabetinnen vom Land oder aus den Slums der Großstadt. Frühmorgens, wenn reiche oder wohlhabende Frauen auf der Ramna Rennbahn oder im Park des Parlaments joggen, um ihr überschüssiges Fett loszuwerden, gehen die Arbeiterinnen mit ihrem Mittagessen in der Hand in die Fabrik. Sie laufen selbstverständlich nicht, denn sie brauchen nicht abzunehmen. Ihr Körper hat keine Möglichkeit, Fett anzusammeln. Sie haben keine Zeit, sich sportlich zu betätigen, denn sie müssen sich um ihren Lebensunterhalt kümmern. Sie sind unterwegs, um mit harter Arbeit Geld für Reis und Linsen zu verdienen. Nach ihrem Arbeitstag kehren sie müde nach Hause zurück. Sie haben keine Zeit für Vergnügungen. Sie kochen Reis und geben den anderen im Haus zu essen. Wenn auf dem Boden des Topfes ein Rest übrigbleibt, essen sie ihn selbst. Am nächsten Tag gehen sie wieder frühmorgens in die Fabrik.

Was bekommen sie dafür, daß sie jeden Tag zehn oder zwölf Stunden arbeiten? Welchen Anteil der Profite aus dem Export erhalten sie? Wie sehen diese

Rechnungen aus? Bangladesch bekommt durch ihre Arbeit Devisen. Aber reicht der Lohn, den sie selbst am Monatsende erhalten, um sie einen Monat lang mit Reis und Linsen zu versorgen? Ich glaube nicht. Sie werden sich für höhere Löhne einsetzen müssen. Und noch etwas anderes muß dringend geschehen: Man sollte in jeder Fabrik Regelungen für die Weiterbildung der Frauen treffen. Wenn die Besitzer der Textilfabriken dafür sorgen, daß mindestens zwei Stunden am Tag Bengali, Mathematik, Allgemeinwissen und Naturwissenschaften unterrichtet werden, wird diese einschneidende Maßnahme zu einer Entwicklung im Leben der Armen führen, die während der letzten hundert Jahre nicht erreicht werden konnte. Eine andere Möglichkeit der Schulbildung für Frauen sehe ich nicht.

Außerdem sollten Arbeiterinnen angeregt werden, sich ihrer Freiheit und ihrer Rechte in ihren eigenen Familien und in der Außenwelt bewußt zu werden. Wenn sie abends nach Hause zurückkehren, laufen Rowdies ihnen nach. Die Arbeiterinnen sollten sich nicht scheuen, sich zu wehren. Diese hart arbeitenden Frauen sollten zusammenhalten, um sich zu verteidigen. Sie sollten ihren Monatslohn nicht für ihre barbarischen, faulen und betrügerischen Ehemänner ausgeben, auch wenn sie glauben, das sei ihre Pflicht, oder wenn andere das von ihnen verlangen. Für Ratschläge in solchen Angelegenheiten müßte es in jeder Textilfabrik einen Berater geben, der die Menschenrechte kennt. Und nicht nur Bildung, auch Gesundheitsfürsorge wird dringend benötigt. Ich glaube nicht, daß die

Frauen regelmäßig behandelt werden. Ich weiß von einigen Arbeiterinnen, die keinen Urlaub bekamen, als sie krank waren, oder denen die Tage ihrer Abwesenheit wegen Krankheit vom Lohn abgezogen wurden.

Die Reichen beuten die Armen aus. Das ist nicht neu. Aber eine derartig schamlose Ausbeutung paßt nicht in das gegenwärtige zivilisierte Zeitalter. Textilfabrikanten verdienen Millionen. Sie haben die moralische Verpflichtung, sich um die Unterkunft und die Fahrgelegenheiten der Arbeiterinnen zu kümmern. Sie bekommen billige Arbeitskräfte, verdienen Unsummen und haben kaum Ausgaben. Sie mögen nicht besonders freigebig sein, denn Freigebigkeit gehört nicht zu den Charakterzügen eines Geschäftsmannes. Trotzdem werden sie teilen müssen, denn es könnte der Tag kommen, an dem die Frauen nicht länger mit ansehen, wie die Geschäftsleute sich die Taschen füllen, während sie selber, die ihnen helfen, soviel Geld anzusammeln, leer ausgehen.

Die Siegerin des literarischen Wettbewerbs

Der Herausgeber der Zeitung *Jay Jay Din*, Shafik Rahman, überlegt, die Teilnahme von Frauen an Essaywettbewerben, die seine Zeitung veranstaltet, zu verbieten. Die Leser müssen sich fragen, wie ein modern eingestellter Mensch wie er, der die Gleichheit von Männern und Frauen vertritt, eine derartig rückschrittliche Entscheidung erwägen kann. Auch ich war überrascht und fragte ihn ziemlich schroff nach dem Grund für eine solche Entscheidung. Er antwortete: »Die Preisträgerin, die heute nach Griechenland abreisen sollte, fliegt nicht. Daß sie nicht fliegt, heißt, daß sie nicht fliegen kann, was wiederum heißt, daß sie nicht fliegen darf.«

Jay Jay Din hatte im Dezember 1993 zu einem internationalen Wettbewerb aufgefordert. Eine Organisation der griechischen Regierung, der »Ausschuß für Demokratie 2500«, hatte aus Anlaß des zweieinhalbtausendjährigen Bestehens der Demokratie in fünfzehn Zeitungen aus aller Welt einen Essaywettbewerb zum Thema »Wir haben die Demokratie geschaffen, wir werden sie bewahren« ausgeschrieben. Der Gewinner dieses Wettbewerbs sollte ein Rückflugticket nach Griechenland und eine zwölftägige Reise durch Griechenland erhalten, zweifellos ein sehr attraktiver Preis. Siegerin war eine Frau namens Amita Afsar. Ein dreifaches Hoch für Amita Afsar!

Aber Amita war des dreifachen Hochs nicht würdig. Es war ihr nicht möglich – oder nicht gestattet –, diese Auszeichnung anzunehmen. Heute, am 1. Juli, sollte sie nach Griechenland abreisen. Sie fliegt nicht. Sie ist nicht einmal in der Lage, die Öffentlichkeit davon zu informieren, daß sie nicht fliegt. Die Redaktion hat ihr geschrieben, mit der Bitte, ihr Flugticket abzuholen. Amita hat auf den Brief nicht geantwortet – sie konnte nicht. Man schickte einen Boten zu ihr nach Hause. Selbst daraufhin nahm sie keinen Kontakt auf, weil es ihr nicht möglich war. Amita reagierte nicht, selbst nachdem man sie mehrfach benachrichtigt hatte.

Sicherlich hatte sie in der Absicht am Wettbewerb teilgenommen, im Falle ihres Sieges nach Griechenland zu reisen. Und warum auch nicht? Sie hatte sich diese Einladung des griechischen Staates verdient, sie war ihr nicht geschenkt worden. Sie kann keinen Grund dafür haben, daß sie nicht nach Griechenland reist.

Amita hat am 12. April geheiratet. Seit ihrer Hochzeit hat sie kein Wort davon gesagt, daß sie möglicherweise nach Griechenland reisen würde. Wir können annehmen, daß ihr Ehemann sie davon abgehalten hat. Was sonst könnte der Grund dafür sein, daß sie die Einladung ausgeschlagen hat? Wir verstehen. Wir, die wir Opfer der von Männern beherrschten Gesellschaft sind, dürfen schlußfolgern, daß Amitas Ehemann sie in seinem Haus gefangenhält. Er demonstriert seine Autorität als Ehemann, indem er ihr verbietet, aus dem Kreis, den er um sie gezogen hat, hinauszutreten. Und Amita gehorcht pflichtbewußt seinem »Befehl«.

Ich habe erfahren, daß ihr Gatte untergeordneter Richter im Bezirk Jessore ist. Wenn er seiner Frau nicht erlaubt, aus dem Haus zu gehen, wer kann es dann wagen, sie herauszuholen? Er wird sie schlagen und sie einsperren. Wer kann ihn daran hindern? Amita ist nicht in der Lage, den Preis entgegenzunehmen, den sie gewonnen hat, und den »Befehl« ihres Ehemannes zu mißachten, denn sie muß ein »braves Mädchen« sein, um in der Gesellschaft überleben zu können. Brave Mädchen ignorieren die Worte ihrer Ehemänner nicht. Ein braves Mädchen hört auf alles, was der Ehemann sagt. Sie ißt, was der Ehemann ihr gibt. Die Verwandten raten ihr, sich an das zu halten, was ihr Ehemann sagt. Die Nachbarn sagen, sie solle sich dem fügen, was der Ehemann anordnet. Sie hat keine andere Zuflucht als das Haus ihres Mannes. Amita reist nicht nach Griechenland, weil sie den Schutz ihres Mannes für nützlicher hält als eine Griechenlandreise.

Doch warum muß eine Frau die Mauern akzeptieren, die ihr Mann um sie herum gezogen hat? Amita hat studiert. Warum sollte sie im Gefängnis dieser vier Wände sterben? Wie kann eine Frau, die den besten Essay über die Demokratie geschrieben hat, sich der Despotie der Familie unterwerfen? Wie kann sie undemokratische Praktiken in der Ehe hinnehmen? Ich habe gehört, daß diese Frau viele Preise in anderen Wettbewerben und in Debatten gewonnen hat. Das war selbstverständlich vor ihrer Heirat. Jetzt ist es ihr sicherlich nicht mehr möglich, an Wettbewerben teilzunehmen. Meine Frage ist: Warum ist der Mund, der früher soviel Vernünftiges gesagt hat, nun verstummt? Was würde geschehen, wenn sie dem rückschrittlichen Verhalten ihres Ehemannes Widerstand entgegensetzen würde? Die Ehe würde zerbrechen – weiter nichts! Aber was hat Amita davon, daß sie ihre Ehe mit einem Mann weiterführt, der mit seiner Autorität als Ehemann die Träume einer so begabten Frau zu Asche verbrennen kann, der eine große Hoffnung unter extremer Demütigung begräbt? Warum wollen vernünftige, gebildete Frauen solch ein Familienleben bewahren?

Firoza

Es geschah im Dorf Kalikapur. Firoza, die sechzehnjährige Tochter von Khaleq Mistry, half der Familie beim Garnelenfischen. Dabei lernte sie Uday Mandal kennen, den Sohn des Fischers Haripada Mandal aus dem Dorf Bandakati im selben Distrikt. Zwischen den beiden entwickelte sich eine Freundschaft. Eines Abends wurde Uday Mandal bei Firoza im Haus entdeckt. Da man ihm nichts anderes vorwerfen konnte, beschuldigte man ihn, eine Kuh gestohlen zu haben. Noch am gleichen Abend wurde unter der Leitung von Mujibar, einem Mitglied des Dorfrates, eine Schlichtungsversammlung abgehalten, bei der Uday zur Zahlung von fünfzehnhundert Taka verurteilt wurde. Udays Vater bezahlte die Strafe und kaufte seinen Sohn so aus der Haft frei. Doch Entaz Ali, ein anderes Mitglied des Dorfrates, war mit dieser Schlichtung durch Verhängen einer Geldstrafe nicht einverstanden. Auf seine Veranlassung hin wies der Vorsitzende Khaleq Mistry an, mit den als Strafe gezahlten fünfzehnhundert Taka zu ihm zu kommen. Khaleq Mistry konnte die Gesamtsumme nicht zahlen, da er bereits dreihundert Taka davon ausgegeben hatte, er schickte aber seinen Sohn mit den übrigen zwölfhundert Taka zum Vorsitzenden. Der Vorsitzende verprügelte den Sohn und sagte ihm, er würde über Firozas Vater im Sinne der Scharia zu Gericht sitzen, andernfalls müßte er das Dorf verlassen. Vor diese Alternative gestellt, beugte sich Khaleq Mistry der Entscheidung. Die Schlichtungsversammlung wurde am 1. September im Haus von Scheich Wajed in Kalikapur abgehalten. Unter den Schlichtern befanden sich einige Dorfälteste und Mullahs. Der Mullah von Bandakati, Abdur Rahim, verkündete die Fatwa, daß Firoza an einen Pfahl gebunden werden und einhundertundeins Schläge mit dem Besen erhalten sollte. Alle Anwesenden bei der Schlichtungsversammlung hielten diese Strafe aus religiöser Sicht für angemessen.

Die Strafe wurde tatsächlich vollzogen, und Firozas Vater wurde gezwungen, Zeuge der Bestrafung zu sein. Nachdem sie einhundertundeinen Stockschlag erhalten hatte, kehrte Firoza, auf die Schulter ihrer Schwester gestützt, nach Hause zurück. Dort nahm sie Gift. Natürlich wird erst aus dem Obduktionsbericht eindeutig hervorgehen, ob sie sich tatsächlich vergiftete, aber Firozas Schwester sagt, Firoza hätte ein Glas Wasser getrunken, als sie nach Hause kam, und wäre unmittelbar darauf gestorben. Wie auch immer es gewesen sein mag, sie starb.

Wenn sie Selbstmord verübt hat, was hat sie dann zu diesem Schritt bewogen? Der Grund ist, daß sie mit Besen geschlagen wurde. Aber warum? In welchem Land gibt es ein derartiges Urteil? Und warum wurde sie überhaupt verurteilt? Für welches Verbrechen? Eine Muslimin verliebte sich in einen Hindu – war das ihr

Verbrechen? Bekam die junge Frau dafür ihre Strafe? Oder wurde sie für Unzucht bestraft, eine Handlung, für die nur Frauen schuldig gesprochen werden, während Männer frei ausgehen?

Frauen müssen nicht einmal ein Verbrechen begehen, um geschlagen oder getötet zu werden. Es reicht, daß Mullahs Schlichtungsversammlungen abhalten und Fatwas verkünden. Das ist die Rechtsprechung nach dem islamischen Gesetz. Niemand darf ihr widersprechen. Als der Islam zur Staatsreligion gemacht wurde, war es natürlich, daß seine Gesetze in Dörfern und anderen ländlichen Siedlungen respektiert werden. Demnach ist es ungehörig, eine Beziehung mit einem Menschen einzugehen, der sich zu einer anderen Religion bekennt; diese Beziehung wird als Unzucht angesehen.

Oder vielleicht ist es auch ganz anders. Das Spektakel, daß eine Sechzehnjährige geschlagen wird – sie wird allmählich blau werden, dann violett, sie wird vor Schmerzen stöhnen, weinen und schreien –, ist möglicherweise vergnüglich für die gaffende Meute der Männer. Die Männer, die dem Schiedsspruch zugestimmt haben, freuen sich an den Schmerzen einer jungen Frau. Nurjahan wurde aufgrund der Fatwa eines Mullahs gesteinigt. Firoza aus Kalikapur bekam aufgrund der Fatwa eines anderen Mullahs einhunderteins Schläge mit dem Stock, woraufhin sie starb. Wer sind diese Mullahs? Es sind entweder Leiter von Madrasas, Koranschulen, oder Imame in Moscheen – das heißt, sie sind angesehene Mitglieder der Gesellschaft. Wer hat ihnen die Macht gegeben, Fatwas zu verkünden? Warum akzeptieren die Dorfbewohner die Fatwas dieser bösartigen Personen? Woher nehmen der gewählte Vorsitzende und die Mitglieder des Dorfrates die Frechheit, ein derart ungerechtes »Gerichtsverfahren« durchzuführen? Es muß eine unsichtbare Macht hinter den Mullahs und den Mitgliedern des Dorfrates und ihrem Vorsitzenden geben, sonst hätten sie nicht den Mut, sich so zu benehmen. Solche Gerichtssitzungen werden Tag für Tag abgehalten. Wir erfahren davon höchstens, wenn jemand stirbt. Doch nicht immer erreichen uns die Nachrichten über Todesfälle. Manche Morde finden in aller Stille statt. Wir erfahren nur von den Fällen, an denen irgendeine Zeitung zufällig Interesse findet. Ein paar Tage lang gibt es dann lautes Geschrei, aber das ist alles. Nach einiger Zeit beruhigt man sich wieder. Ein paar Leute werden vorübergehend eingesperrt, und anschließend werden sie wieder freigelassen.

In Kalikapur wurden der Mullah und der Vorsitzende des Dorfrates verhaftet. Aber wie lange werden sie in Polizeigewahrsam oder im Gefängnis bleiben? Wir dürfen annehmen, daß sie aufgrund der Intervention von Fundamentalisten und führenden Parteimitgliedern in Kürze entlassen werden. Wir dürfen ebenfalls annehmen, daß letztendlich niemand für Firozas Tod zur Rechenschaft gezogen wird, denn sowohl der Mullah als auch der Parteivorsitzende werden von der Regierung gedeckt. Die Regierung wird ihnen vergeben. Nur Frauen wie Firoza und Nurjahan werden immer schuldig gesprochen werden. Ihre Schuld ist grenzenlos. Diese Gesetze und Praktiken herrschen seit tausend Jahren, und sie sind es, denen die Leute Folge leisten. Wenn doch einmal ein Schuldiger gehängt wird, dann nur, weil das Opfer zufällig die Tochter eines Prominenten ist. Doch die Frauen, die Tag für Tag ermordet werden, sind meist nicht die Töchter bekannter Männer, sondern irgendwelcher Tagelöhner oder Bauern. Niemand wird zu einer Haftstrafe oder zum Tode verurteilt, weil er den Tod der Tochter eines so unbedeutenden Mannes verschuldet hat.

Wie ein Heuschreckenschwarm die Ernte vernichtet, so vernichten die Mullahs die Dörfer des goldenen Bangladesch. Wenn sie jetzt nicht ausgerottet werden, dann wird ganz Bangladesch bald ein Trümmerhaufen sein, und auch noch so viele Klagen werden dann nichts mehr nützen. Daher müssen wir ab jetzt alle wachsam sein. Wir sollten darauf achten, was im Dorf Kalikapur und mit den inhaftierten Männern, dem Mullah und dem Vorsitzenden, geschieht. Für das Verbrechen, daß sie die Fatwa verkündet haben, sollten sie verurteilt werden.

Besuch auf dem Lande

Ich bin in der Stadt geboren und aufgewachsen, und dort hörte ich als Kind von meinem Vater Geschichten über das Dorfleben. In Büchern und Zeitschriften las ich von Speichern, die zum Bersten voll mit Reis waren, und von Ställen voller Vieh. Während des Krieges, 1971, mußten wir die Stadt verlassen, und so bekam ich schließlich selbst ein Dorf zu sehen, auch wenn es eher am Stadtrand als weit draußen auf dem Land lag. Ich blieb nur fünf Monate lang, ging in den Feldern spazieren und schwamm in den Teichen. Dann kehrten wir in die Stadt zurück.

Ich habe Dörfer aus dem Zugfenster gesehen. Wenn ich eine Fahrkarte kaufe, achte ich immer darauf, daß ich einen Fensterplatz bekomme. Ob es draußen kalt ist oder regnet, spielt keine Rolle, ich ziehe immer das Fenster herunter und betrachte die vorbeiziehenden Dörfer, die Häuser mit den strohgedeckten Dächern und den Heumieten in den Höfen und die Kühe, die im Schatten der Bäume widerkäuen. Am liebsten an den Dörfern sind mir die Teiche mit ihrem kristallklaren Wasser, von Feigen- und Mangobäumen beschattet. Wenn ich dort im Schatten sitze und über die endlose Weite grüner Reisfelder schaue, bin ich glücklich.

Als ich kürzlich wieder in ein Dorf kam, besuchte ich entfernte Verwandte und hatte Gelegenheit, den ganzen Tag lang dort umherzuschlendern. Ich war überglücklich. Ich hatte mir vorgestellt, daß die Dorfbewohner mir in einem mit grünen und roten Blumen bemalten Glas Wasser bringen und Mangos, Guajaven und Jamboline von den Bäumen herunterschlagen und mir diese Früchte zu Füßen legen würden. Sie würden mich freundlich begrüßen und mich fragen, wie es mir ginge. Sie würden das gute Porzellangeschirr mit Blumenmuster herausholen und mir darauf warmen Reis mit Gemüse von ihren Feldern und Fisch aus ihren Teichen servieren. Das ist das Bild vom Dorf, das ich vor meinem inneren Auge sah.

Aber als ich dann dort war, fand ich mich von einer Schar Kinder umringt. Sie standen da und starrten mich schweigend an, mit vor Staunen weit aufgerissenen Augen. Man fühlt sich äußerst unbehaglich, wenn man von so vielen Menschen angestarrt wird. Um den Bann zu brechen fing ich an, umherzugehen. Die älteren Mädchen gafften mich verständnislos an. Ihre Mütter waren ganz mit ihren Haushaltspflichten beschäftigt. Niemand schlug eine grüne Kokosnuß für mich ab, niemand kletterte einen Baum hinauf, um mir eine Guajave zu pflücken. Ich wurde wie ein fremdartiges Lebewesen behandelt, das aus der Stadt gekommen war und weder Hunger verspürte noch wußte, wie man Obst ißt.

Ich war als Gast in dieses Haus gekommen. Es wurde Nachmittag, aber niemand machte sich die Mühe, mich zu fragen, ob ich Hunger hätte, und niemand erkundigte sich, ob ich etwas essen wollte. Etwa um halb vier kam eine Frau mit einem Blechteller mit Reis und Linsen nach draußen.

»Hast du gegessen?« fragte ich sie.

Die Frau schüttelte den Kopf. »Nein.«

Der Reis blieb mir im Hals stecken. Ich konnte nicht essen. Die Frau stand immer noch neben mir.

»Wie viele Kinder habt ihr?« fragte ich.

»Elf«, antwortete sie.

Elf? Ich war schockiert. Konnte irgend jemand elf Kinder haben?

»Sind das alles eure eigenen Kinder?«

Die Frau zog sich den Saum ihres Saris über den Mund und bejahte.

Während ich den Reis und die Linsen mit der Hand vermischte, fragte ich weiter.

»Kommen denn die Leute von der Familienplanung nie hierher?«

»Doch, doch, die waren hier.«

»Und sagen sie nichts?«

»Er läßt sie nicht ins Haus.«

»Wer läßt sie nicht ins Haus?«

»Sirajs Vater.«

Mit »Sirajs Vater« meinte sie ihren Mann.

»Wie viele von euren Kindern sind Jungen?«

»Sieben.«

Ich hatte angenommen, daß sie immer weiter Kinder zur Welt brachte, weil sie hoffte, endlich einen Sohn zu gebären. Wenn eine Frau ausschließlich Töchter hat und dann zum Beispiel als elftes Kind nach der Geburt von zehn Töchtern einen Sohn zur Welt bringt, hört sie auf, Kinder zu bekommen. Doch diese Frau hatte schon sieben Jungen.

»Gehen von den Kindern welche zur Schule?« fragte ich.

Sie zog den Saum ihres Saris ganz über ihr Gesicht hinauf und verneinte.

Ich hörte auf zu essen und wusch mir die Hände.

»Wie könnt ihr so viele Kinder ernähren?« fragte ich.

Inzwischen war Sirajs Vater erschienen, also richtete ich die Frage an ihn.

»Gott ernährt seine Diener«, meinte er.

»Was meinst du damit, daß Gott sie ernährt? Ernährst du sie nicht mit dem Essen, das du heranschaffst, indem du aufs Feld gehst und dich den ganzen Tag abrackerst? Ich würde gerne mal sehen, wie Gott herkommt und sie ernährt, wenn du das nicht tätest. Und wenn Allah euch ernährt, warum gibt er euch dann weder Eier noch Milch, noch Fisch oder Fleisch?«

Sirajs Vater lächelte schweigend.

»Ich höre, daß du die Leute von der Familienplanung nicht ins Haus läßt.«

Sirajs Vater saß da und starrte mit leerem Blick vor sich hin.

»Wenn ich auf das hören würde, was sie sagen, würde ich eine Sünde begehen.«

»Du meinst, wenn du Verhütungsmethoden anwendest, begehst du eine Sünde?«

»Ja, denn Gott teilt die Seelen zu. Wenn ich eine dieser Seelen töte, wird Gott sagen: Nur wenn du Seelen erschaffen kannst, dann darfst du sie auch zerstören. Wenn man eine von Gott geschenkte Seele tötet, kommt man mit Sicherheit in die Hölle.«

Sirajs Vater – er hieß Raisuddin – wendete keine Verhütungsmethoden an, weil er Angst hatte, in die Hölle zu kommen. Er wollte ins Paradies. Jeder möchte gern ins Paradies kommen. Raisuddin hatte einen Bart und trug ein Käppchen auf dem Kopf. Als er an dem Tag das fünfte der vorgeschriebenen Gebete verrichtete, fragte ich ihn, ob er die arabischen Suren, die er da aufsagte, verstehen würde. Raisuddin lächelte und verneinte.

»Gott hat uns befohlen, diese Gebete zu verrichten, also tue ich das. Ich kann weder lesen noch schreiben, woher soll ich wissen, was sie bedeuten?«

Mir ist klargeworden, daß Dörfer nicht bloß Felder sind, auf denen Reis und Jute grünen, nicht bloß Teiche mit klarem Wasser oder schattenspendende Bäume. Dörfer bedeuten Menschen. Menschen, die sich mit elf Kindern mühsam den bloßen Lebensunterhalt verdienen, von Armut gegeißelt. Weil sie sich nach dem Paradies sehnen, überlassen sie ihr Leben dem Schicksal. Und das Schicksal spielt mit diesen einfachen und unschuldigen Wesen.

Wir gebildeten Leute aus der Stadt lernen viel über Ideologien. Wir wissen über den Marxismus und die Grundsätze der Wirtschaftswissenschaften und der Politik Bescheid. Aber wir wissen nicht, wie wir die Menschen in den Dörfern retten können, wir wissen nicht, wie wir diese herrlichen grünen Dörfer vor den Schwärmen übernatürlicher Heuschrecken bewahren sollen.

Lied einer traurigen Nacht

Ich weiß nicht, wie viele Menschen hier in Dhaka mir wohlgesonnen sind. Viele von ihnen haben mir erzählt, daß ich eine ganze Reihe Feinde in der Stadt habe. Manche von ihnen haben mich davor gewarnt, das Haus zu verlassen, und andere haben gefragt, was meiner Meinung nach der Grund dafür ist, daß die Zahl meiner Feinde wächst.

Ich weiß wirklich nicht, warum meine Feinde so zahlreich sind. Ich bin die Tochter eines Arztes und einer ungebildeten, aber religiösen Mutter. Meine Eltern hatten nie viel Geld, aber sie kamen zurecht. Meine Geschwister und ich bekamen eine Ausbildung; wir haben gelernt, uns gut zu benehmen, anderen Menschen keinen Schaden zuzufügen, und wir kennen die Regeln der Etikette. Seit meiner Kindheit habe ich mit angesehen, wie Leute aus unserer Umgebung uns alles wegnahmen, was sie in die Finger bekommen konnten; wie die Ziegen und Rinder des Nachbarn den Blumengarten vor unserem Haus verwüsteten; wie die Nachbarn sich einen Spaß daraus machten, eine Schlange bei uns auszusetzen; wie große Muskelprotze die Herrschaft über den Teich an sich rissen und das Haus ausgeraubt und ausgeplündert wurde. Wir waren unschuldig, wir wurden unterdrückt, und die mächtigen Ausbeuter ließen uns keinen Pfennig.

Mehr als einmal bin ich im Laufe meines Lebens beleidigt worden. Mein Vater pflegte zu sagen: »Wenn du eine Ausbildung bekommst, dann kannst du allen Kummer fortspülen.« Ich habe eine Berufsausbildung, ich bin erwachsen geworden, und währenddessen ist dieser Kummer in meinem Herzen zur Größe eines Berges angeschwollen, und ich habe nicht die Kraft des Ozeans, die nötig wäre, um ihn fortzuspülen. Ich habe bis heute nie jemandem wehgetan, ich habe nie einem anderen Menschen Schaden zugefügt, weder absichtlich noch unabsichtlich. Ich habe einfach still gelitten.

Und dann habe ich begonnen, über meinen Zorn und meinen Kummer zu schreiben. Ist das der Grund, warum meine Feinde sich vermehren? Warum schreibe ich, warum umklammern meine Finger diesen rastlosen und ungebärdigen Stift?

Meine Feinde sind zahlreicher geworden; denen, die mir wohlwollend gegenüberstehen, fällt das viel mehr auf als mir, denn sie sind es, die bei Versammlungen und Diskussionen beißende Worte zu hören bekamen. Es ist mein Glück – oder mein Unglück –, daß ich an solchen Zusammenkünften und Debatten nie teilgenommen habe, weder an literarischen noch an sonstigen. Ich tauge für solche Gesellschaften nicht. Unter diesen gebildeten und begabten Menschen bin ich so unbedeutend, daß ich abseits, unsichtbar bleibe.

Ich schreibe ein bißchen, und ich bin nicht stolz darauf. Jederzeit könnte ich mein Schreiben aufgeben und in den Wald ins Exil gehen. Jederzeit könnte ich mich dort verlaufen und einfach verschwinden. Weil ich schreibe, wurde ein »Vernichtungsausschuß« gegründet; weil ich schreibe, fordern Fundamentalisten, man sollte mich aufhängen; weil ich schreibe, werde ich angefeindet, und meine Gegner schicken anonyme Briefe an Zeitungen, um ihren Widerspruch zu äußern.

Die unhöfliche Herausgeberin einer solchen Zeitung kam einmal an drei Tagen hintereinander zu mir nach Hause, um mich zu interviewen, und weil ich kein Interview geben wollte, attackierte sie mich in ihrer Zeitung. Wer kann solche Angriffe aufhalten? Zu meiner Überraschung bemerke ich, daß die Zahl meiner Feinde steigt, ganz gleich, ob ich angegriffen oder gelobt werde. Wenn jemand mich heftig beschimpft, wächst die Zahl meiner Feinde schnell, kaum daß die Attacke in den Zeitungen erscheint. Warum tut man mir soviel Ehre an? Aber meine Feinde nehmen ebenso zu, wenn ich gerühmt werde, wenn jemand Respekt für meine Ansichten zeigt – weil nämlich der Respekt mir und nicht anderen erwiesen wird. Ich stehe ruhig da wie die geduldige Erde, ich lasse ihnen mein Leben, und sie trampeln darauf herum.

Ich selbst und meine Freunde wissen, daß ich niemals jemandem etwas zuleide getan habe. Ich könnte keine Egge über ein Feld mit reifem Getreide ziehen, das einem anderen gehört, und so seine Ernte vernichten. Ich könnte niemandem Asche über sein Essen streuen. Trotzdem sehe ich mich, die Taube, Stumme, umringt von haßerfüllten, heimtückischen Gesichtern, von Menschen mit Messern und Äxten in den Händen. Ich merke, wie ich von einer Gegenströmung mitgerissen werde, wie ich nach den Grasbüscheln am Ufer greife, um mich zu retten. Ich werde ertrinken. Ich werde sterben.

Ja, bestimmt. Manchmal weiß ich nicht mehr genau, ob ich noch am Leben oder schon gestorben bin. Meinen derzeitigen Zustand kann man nicht als lebendig bezeichnen. Ich kann nicht mehr atmen, kann meine Füße nicht mehr auf den Boden aufsetzen, kann nicht mehr laufen, nicht mehr lachen, nicht mehr weinen. Wahrscheinlich bin ich kein Mensch, der es wert wäre, am Leben zu sein.

In Wahrheit hat mein Vater versäumt, uns Kinder zu lehren, daß man nicht nur durch Ehrlichkeit im Leben etwas erreicht; ein bißchen List und Tücke sind schon nötig. Mein Vater hat uns nicht gelehrt, zurückzuschlagen, wenn wir von jemandem geschlagen werden; er hat uns geraten, die andere Wange hinzuhalten. Mein Vater vertrat Großzügigkeit und Toleranz.

Meine Feinde vermehren sich, und ich habe nichts in der Hand, um sie in Schach zu halten. Ich stehe mit leeren, nutzlosen Händen da, ohne Vermögen, ohne guten Ruf, nur mit einem Herzen, das von Schlägen mürbe ist, einem Herzen, das jetzt müde geworden ist. Mit gefalteten Händen entschuldige ich mich bei den zahllosen begabten Schriftstellern, den gebildeten Leserinnen und Lesern und meinen ehrlichen Widersachern und Gegnern. Verzeihen Sie mir, ich verstehe jetzt, daß es falsch ist, wenn ich mich nach rechts wende, und daß es genauso falsch ist, wenn ich mich nach links wende. Wenn ich mich nach rechts wende, sagen die Leute, ich hätte nicht nach links geschaut, und unterstellen mir dafür ein unlauteres Motiv. Und wenn ich mich nach links wende, werden sie zweifellos sagen, ich hätte mich dafür bezahlen lassen. Wenn jemand mich ohrfeigt, ist das meine Schuld. Wenn ich nicht zurückschlage, ist das auch meine Schuld. Selbst daß ich am Leben bleibe, setzt mich ins Unrecht. Aber ich weiß genau, daß es auch falsch wäre zu sterben. Also erlaubt mir, daß ich lieber lebe!

Auto fahren

Neulich hat jemand mir seinen glänzenden Toyota Sprinter geliehen. Ich bin einfach drauflos gefahren, die Straßen entlang, die ich liebe, ohne bestimmtes Ziel, und habe dabei meine Lieblingslieder im Kassettenrekorder gehört. Das Lenkrad lag in meinen Händen, mein rechter Fuß trat das Gaspedal durch, mit der linken Hand schaltete ich. Geschwindigkeit hat mich schon immer fasziniert; mein seßhaftes, bewegungsloses Leben hatte mich schon fast erstickt.

Ich habe kein eigenes Auto, mit dem ich losbrausen kann. Ab und zu kann ich mir von Freunden oder Verwandten einen Toyota oder einen Mercedes leihen und mit der Geschwindigkeit des Wagens eins werden. Im höchsten Gang und mit achtzig Stundenkilometern sause ich dahin – wieviel schneller kann ich doch mein Ziel erreichen als die Karren und dreirädrigen Rikschas, die mit Muskelkraft angetrieben werden.

Die Regel heißt, in weniger Zeit schneller vorwärts zu kommen. Unsere Zeit ist bemessen; die Wissenschaft hat schnelle Fortschritte gemacht, so schnell und so groß, daß wir, die Einwohner dieses armen Landes, sie nicht einholen können. Wir sind ein entmutigtes

Volk, das immer weiter zurückfällt. Ich brauche fast anderthalb Stunden, um durch die Verkehrsstaus zu kommen und den kaum zwei Kilometer langen Weg zur Arbeit zurückzulegen. Hier werden Personen immer noch auf Rädern befördert, die von einem Paar Beine angetrieben werden. Die Rikscha ist schon ein seltsames Gefährt! Anscheinend ist die Zivilisation in der Dritten Welt zum Stillstand gekommen, höchstwahrscheinlich in einem der Verkehrsstaus hier steckengeblieben. In einem Stau oder in einem Sumpf der Unwissenheit? Kann man in einem Stau der verkehrten Politik und der verkehrten Wirtschaftspolitik steckenbleiben? Der verkehrten Religion? Unsere Gesellschaft steckt mit Sicherheit in allen dreien fest.

Während ich mit dem Lenkrad in den Händen im Wagen sitze, bemerke ich, wie die Leute ringsum mich anstarren: die Rikschafahrer und ihre Passagiere, die Motorradfahrer, die Minicab-Fahrer mit ihren Kunden und auch die Fußgänger, alle sehen mich an und lachen. Manche flüstern sich etwas zu, manche machen unanständige Vorschläge, andere zischen Beleidigungen oder Obszönitäten. Während ihre bohrenden Blicke, ihre schneidenden Worte und beißenden Kommentare mich treffen, beginne ich mich zu fragen, in was für einem Land ich mich eigentlich befinde und was für Menschen darin leben. Je mehr ich von diesem Land kennenlerne, desto mehr verblüfft es mich. Seit dem Tag meiner Geburt hat mich diese Bestürzung nicht verlassen.

Obwohl ich den Blinker einschalte, will niemand mich einfädeln lassen; niemand geht zur Seite, um mich passieren zu lassen. Fußgänger versammeln sich in Gruppen, um mich anzustarren. In Wirklichkeit sehen sie nicht mich, sie sehen weder meine Nase noch meine Augen, mein Gesicht oder mein Haar, die so aussehen wie bei allen anderen auch. Was sie eigentlich anstarren, ist eine Frau – oder eher eine merkwürdige Erscheinung, nämlich eine Frau am Steuer. Manche finden den Anblick höchst unterhaltsam, wie Zoobesucher, die beobachten, wie ein Schimpanse seine Erdnüsse selbst schält und dann frißt. Mir wird klar, daß der Anblick einer Frau, die solche Possen treibt, sie sehr erheitert; wenn die Leute sehen, daß eine Frau hinter dem Lenkrad sitzt, reagieren manche mit Verwunderung und andere mit Zorn, und einige grinsen nur spöttisch bei diesem lächerlichen Anblick.

Ich will zum Dhaleshwari, überquere die Buriganga-Brücke und fahre eine lange, leere Landstraße im Schatten grüner Bäume entlang. Ich lasse die überfüllte Stadt hinter mir und fahre durch die Einsamkeit, in dem Gedanken, daß es in den grünen Dörfern außerhalb der Stadt vielleicht Wahrheit und Einfachheit gibt. Die Dorfbewohner sind von der Verschmutzung durch die Zivilisation vielleicht nicht so verdreckt wie die Stadtmenschen durch den Ruß und den Rauch aus den Fabriken.

In der Stadt haben die Autos und ihre Fahrer mich in meinem Leben immer wieder behindert. Hier spenden die Bäume Schatten, der Wind beruhigt mich; während ich mich von der Stadt entferne, merke ich, daß das wohltuende Grün der Landschaft mir viel mehr zusagt als die mehrstöckigen Gebäude der Stadt. Die

Natur spricht zu mir, macht mich bescheiden, nimmt mich ganz gefangen.

Als ich am Dhaleshwari ankomme, halte ich an. Ich steige aus und gehe auf den Sonnenuntergang zu. Kinder, Jugendliche und Erwachsene versammeln sich, um mich anzugaffen. Sie sind neugierig – wer ist diese Peron? Was macht sie hier bloß? Ich sage ihnen, daß ich hergekommen bin, um den Dhaleshwari bei Sonnenuntergang zu sehen. Den Dorfbewohnern bleibt die Spucke weg – Wasser sieht doch immer gleich aus, ob es nun Wasser aus dem Teich, Flußwasser oder das Wasser aus einem gebohrten Brunnen ist; Wasser ist Wasser, wo soll da ein Unterschied sein?

Vielleicht ist Wasser wirklich immer gleich, bloß daß es die Farbe seines Gefäßes annimmt. Doch ist der Dhaleshwari nicht dem Brahmaputra sehr ähnlich? Wenn man einen Fuß hineinsetzt, gleiten dann nicht die Wellen heran und umplätschern ihn? Ist auch der Dhaleshwari so ein lebhafter Liebhaber? Der Schimmer der untergehenden Sonne spielt auf dem Fluß, aber mein Körper gestattet sich keine Entspannung; der Anblick kann mich nicht verzaubern, denn die Menschenmenge um mich herum betrachtet meine Kleidung, mustert mein Haar und meine Gesichtszüge, studiert meinen Gang und beobachtet mein Lächeln und meinen Blick.

Sie sind neugierig. Eine Frau. Was macht sie hier draußen? Warum ist ihr Haar kurzgeschnitten? Warum ist sie ganz allein? Und warum fährt sie Auto?

Ich will keine dieser Fragen beantworten. Die Menge drängt immer näher heran, und um nicht angefaßt zu werden, gehe ich zu meinem Wagen zurück. Als ich den Motor anlasse, wirft jemand einen Dreckklumpen nach mir, dann kommt ein Stein angeflogen, einige Dorfbewohner fangen an, die Metallkarosserie des Autos mit den Fäusten zu bearbeiten. Ich spüre, daß der Dreck und die Steine und die Fausthiebe nicht dem Wagen gelten, sondern mir. Sie schleudern mir ihre Verachtung ins Gesicht.

Die wasserreichen, üppigen Dörfer hatten mich genausowenig akzeptiert wie die Stadt. Als ich nach Hause kam, trat ich vor dem Tor wütend auf die Bremse.

Jede Frau, die versucht hat, Bewegung in ihr Leben zu bringen, wird schnell daran gehindert und muß auf die Bremse treten. Ich weiß nicht, mit wem ich Mitleid haben sollte – mit den Frauen und Mädchen, deren Leben zum Stillstand gebracht wurde, oder mit den Barbaren, die den Stillstand herbeigeführt haben.

Wir müssen uns gemeinsam wehren!

Wir stehen einfach daneben. Wir stehen daneben und sehen zu, wie Menschen vernichtet werden. Schließlich sind wir ja nicht selbst betroffen. Wenn wir zufällig Zeuge einer solchen Tat werden, zucken wir nur mit den Schultern. Heutzutage erscheint uns schon der Gedanke fremd, daß wir Menschen zu essen geben sollten, wenn sie selber nichts haben, oder daß wir ihnen ein Obdach bieten, wenn sie keine Bleibe haben. Wenn jemand um einen anderen Menschen Tränen vergießt, dann tut er das aus Eigennutz. Wenn jemand einem anderen einen kleinen Gefallen tut, geschieht das aus purem Eigennutz. Wenn dieser Eigennutz nicht wäre, wäre niemand bereit, auch nur einen Schritt auf einen Mitmenschen zuzugehen; ohne Eigennutz gäbe es weder Lächeln noch Tränen.

Vor unseren Augen werden Menschen umgebracht. Im Beisein von Zeugen werden Menschen die Augen ausgestochen, Frauen werden vergewaltigt, Raubüberfälle und Diebstähle geschehen, und Menschen werden entführt, und diejenigen, unter deren Augen all das geschieht, bleiben gleichgültig, ungerührt. Doch wie kann jemand bei solchen Ereignissen unbeteiligt bleiben? Das ist es, was mich so niedergeschlagen macht.

Einmal jedoch hörte ich etwas sehr Erfreuliches, und wegen dieser guten Nachricht schöpfte ich neuen Mut. In der Nähe des Markttores griffen eines Nachmittags Teenager eine Frau an und versuchten, ihr die Handtasche zu entreißen und ihr den Schmuck, den sie trug, zu stehlen. Eine andere Frau namens Ajra Jabin sah, was vorfiel, und ging auf die Straßenräuber los. Sie wollte dieses Verbrechen nicht zulassen, und es gelang ihr, den Schlägertypen ihre Beute wieder zu entreißen. Die wehrten sich mit Messern, und Ajra Jabin erlitt mehrere Stichwunden. Sie hätte sehr leicht getötet statt bloß verletzt werden können. Sie muß Angst gehabt haben, daß die Diebe sie umbringen würden. Heutzutage ist es schließlich nichts Außergewöhnliches, als Opfer eines sinnlosen Mordes in den Straßen der Stadt in die Statistik einzugehen. Doch Ajra ignorierte diese kleinliche Furcht und griff ein, um einem Mitmenschen in Gefahr zu helfen. Nur wenige hätten sich so verhalten wie sie. Die Polizei stand einfach tatenlos daneben, genauso wie zahlreiche Passanten; allein Ajra Jabin half der Frau. Als ich davon hörte, war ich sprachlos. Sehr wenigen Menschen wäre es eingefallen, das zu tun, was Ajra Jabin tat. Nicht jeder besitzt solchen Mut oder soviel Güte. Sowohl in unseren Wohnungen als auch draußen auf der Straße gibt es zahllose Ungerechtigkeiten, und niemand unternimmt etwas dagegen. Wer es doch tut, wird verletzt, kritisiert oder belästigt, oder das mutige Eingreifen wird totgeschwiegen. Zur Zeit siegt die Ungerechtigkeit überall. Unser Land ist ein wahres Königreich der Ungerechtigkeit geworden. Ich bewundere diejenigen, die den Mut aufbringen, sich der Ungerechtigkeit entschlossen zu widersetzen.

Ein anderes Beispiel: Vor einer Woche wurde eine Frau namens Gauri Rani Das, eine Putzfrau im Lohnbüro des Gesundheitsministeriums, von einem der Chauffeure des Ministers, einigen Laufburschen und mehreren von deren Freunden vergewaltigt. Sie wollte gerade ihre Arbeitsstelle verlassen, als sie die Aufmerksamkeit der Vergewaltiger erregte. Lag das darin, daß Gauri hellhäutig *(gauri)* war? Gauri war allein; war das der Grund für das Verbrechen? Oder war der Grund der, daß Gauri nur eine kleine Angestellte und sehr arm war? Daß sie zur hinduistischen Minderheit gehörte? Wenn sechs oder sieben geile Männer sich auf sie werfen und sie vergewaltigen, wer findet das denn überhaupt schlimm?

Die Gesellschaft dieses Landes interessiert sich nicht sonderlich für solche geringfügigen Ungerechtigkeiten. Wird Vergewaltigung denn überhaupt noch als Verbrechen angesehen? Eine Vergewaltigung ist ein Angriff auf eine Frau, wird diese Handlung vielleicht daher nicht mehr als Verbrechen eingestuft? Schließlich werden in dieser Gesellschaft auch andere illegale Aktionen gegen Frauen begangen und akzeptiert. Das liegt daran, daß keine Religion unsere Gesellschaft gelehrt hat, daß auch Frauen respektiert werden müssen; die führenden Köpfe der Gesellschaft haben nicht darauf hingewiesen, daß auch Frauen einen eigenen Wert haben; die Politiker haben nicht dafür gesorgt, daß für Frauen die gleichen Bedingungen gelten wie für Männer. Und das ist der Grund dafür, daß Gauri am hellichten Tag vergewaltigt werden konnte. Allerdings hätte ihr das auch in ihren eigenen vier Wänden passieren können. Frauen werden genausooft in ihren Wohnungen vergewaltigt wie außerhalb, und auf der Straße oder an ihrem Arbeitsplatz genausooft wie in den Büros von Ministern. Wo kann eine Frau Sicherheit finden? Gibt es irgendeinen Ort auf der Erde, wo sie hingehen kann, ohne Angst haben zu müssen?

In dieser Gesellschaft ist jede Frau eine Gauri Rani. Jede Frau kann damit rechnen, von den dreckigen Pfoten barbarischer Männer beleidigt und verletzt zu werden. Viele haben dasselbe erlitten wie Gauri Rani.

Die Zauberin namens Ajra Jabin stand allein da, als sie einer Frau half. Können wir Frauen solche Angriffe nicht mit unseren bloßen Händen abwehren? Doch, das können wir. Und wir können genauso eingreifen wie diese kühne Frau. Wir können gegen Vergewaltigung, gegen Ungerechtigkeit aller Art und gegen die Willkür der Männer Widerstand leisten. Die Wunden, die man uns zufügt, werden täglich zahlreicher. Sollten wir Frauen nicht mit vereinten Kräften dagegen kämpfen?

Wörter, die Frauen verletzen

Was macht Ihre Frau? Wenn man einem Mann diese Frage stellt oder wenn man die Ehefrau fragt, was sie macht, bekommt man normalerweise immer die gleiche Antwort: Sie ist Hausfrau. Jetzt haben wir sogar eine bengalische Entsprechung für das Wort: *grihabadhu.* Ich kann beim besten Willen nicht verstehen, wie es dazu kam, daß diese Tätigkeit als Beruf eingestuft wurde.

Dienstmädchen ist eine Art Beschäftigung. Hausfrau zu sein gilt ebenfalls als Beschäftigung. Ehemann zu sein gilt jedoch nicht als Beruf. Auch wenn der Beruf der Hausfrau in diesem Land sehr beliebt ist, hat kein arbeitsloser Ehemann jemals seinen Beruf als »Hausmann» angegeben.

Als Gegenleistung für ihre Mühen bekommt die Hausfrau Saris, Schmuck, zwei volle Mahlzeiten am Tag und so weiter. Dafür kocht sie, hält das Haus sauber, macht die Wäsche, kümmert sich um die Kinder und bringt ihnen etwas bei und tut andere Dinge mehr. Selbst wenn sie diese Tätigkeiten nicht selbst verrichtet, beaufsichtigt sie doch das Personal, das sie an ihrer Stelle ausführt. Sie macht die gleiche Arbeit wie die Dienstboten. Ethymologisch gesehen sind die

Wörter *bhritya*, »Diener« und *bharya*, »Ehefrau«, von derselben Wurzel abgeleitet. Ihre Aufgaben sind identisch. Der Unterschied besteht darin, daß eine Hausfrau das kleine bißchen Freiheit, das ein Dienstmädchen genießt, nicht hat. Ein Dienstmädchen darf das Haus ab und zu verlassen, eine Hausfrau nicht. Eine Hausfrau ist auf hundert verschiedene Arten angebunden, während Hausangestellte zumindest hin und wieder die Freiheit haben, zu gehen, wohin auch immer sie möchten. Um die Hausfrau aber ist ein Kreis gezogen, der ihr Kommen und Gehen begrenzt.

Ein dreifaches Hoch für Hassiba

In dieser Stadt, in jeder Stadt in Bangladesch, arbeiten Frauen in verschiedenen Bereichen, sie besuchen Schulen und Universitäten, haben Berufe, gehen spazieren und kommen und gehen auf dem Markt ganz nach Belieben. Frauen aus der Mittelschicht fahren normalerweise mit dem Bus, dem Motorroller, einer Rikscha und ähnlichem. Meine Frage ist, warum benutzen die Frauen in diesem Land keine Fahrräder? Wenn sie Fahrrad fahren würden, könnten sie zwei Fliegen mit einer Klappe schlagen: Sie würden viel schneller ans Ziel gelangen, und gleichzeitig wäre es eine ausgezeichnete Möglichkeit, sich körperlich zu bewegen.

Die Frauen in diesem Land wollen jedoch nicht Fahrrad fahren, wobei es nicht ganz richtig ist, wenn man sagt, daß sie es nicht wollen, denn eigentlich sind es die Männer, die nicht wollen, daß Frauen Fahrrad fahren, und Frauen wollen das, was Männer wollen. Wenn die führenden Köpfe dieser Gesellschaft dem nicht widersprechen, wie soll eine Frau dann etwas daran ändern können? In der Stadt Dhaka gibt es ganze zwei Frauen, die Fahrrad und Motorrad fahren. Können sie das ungehindert tun? Keineswegs. Wenn sie es versuchen, finden sie sich einem Berg von Hindernissen gegenüber. Diese beiden Frauen arbeiten bei einer NGO (Regierungsunabhängige Organisation), und sie benutzten Fahrräder, weil sie in Dörfern außerhalb der Stadt eingesetzt waren und die Räder brauchten, um dorthin zu kommen. Die Dorfoberhäupter erhoben Einspruch. »Unmöglich«, sagten sie, »Frauen, die vor unseren Augen auf Fahrrädern herumfahren? Und wir sollen einfach sitzenbleiben und zusehen?« Die Männer in den Dörfern bewarfen die beiden Frauen mit Steinen, und die Frauen beleidigten sie. Die Dorfbewohner wandten sich an die NGO und brachten die Angelegenheit vor, und schließlich kam man zu einer Einigung. Den jungen Frauen wurde erlaubt, Mopeds zu benutzen, nicht aber Fahrräder. Doch beide Fortbewegungsmittel sind zweirädrige Fahrzeuge, auf beiden sitzt man, und beide bewegen sich auf die gleiche Art vorwärts. Warum bekamen die Frauen also die Erlaubnis, das eine zu benutzen, nicht aber das andere? Die Erklärung ist folgende: Fahrräder werden von zwei kreisenden Beinen vorwärtsgetrieben, Mopeds nicht. Der Anblick von Frauen, die in die Pedalen treten, war für die männlichen Augen kein reines Vergnügen; er verursachte Unbehagen und Unruhe und ließ die Männer nach den Frauenkörpern dürsten.

In diesem Land hält man Frauen immer noch für unwürdig, Fahrzeuge in Bewegung zu setzen. Und nicht nur in diesem Land. Das gleiche gilt in allen Ländern, in denen der Islam blüht und gedeiht.

Hassiba Boulmerka ist Algerierin. In den algerischen Wahlen von 1990 bekamen die islamischen Fundamentalisten eine Stimmenmehrheit im Parlament. Wegen des Armeeputsches waren sie zwar nicht in der Lage, die Herrschaft zu übernehmen und das Land zu regieren, doch sie sind immer noch fähig, es auszubeuten – sie betreiben eine islamische Ausbeutung. Hassiba Boulmerka gewann bei den Olympischen Spielen eine Goldmedaille. Sie ist der erste Mensch in der algerischen Geschichte, der so eine Medaille gewonnen hat. Trotzdem hat die islamische Fundamentalistenbande versucht, Hassiba daran zu hindern, zu den Olympischen Spielen zu fahren. Hassiba hat die Journalisten von Zeitungen aus aller Welt informiert, daß die Leute sie anspucken und mit Steinen bewerfen, wenn sie trainiert. Es wird als Verbrechen angesehen, wenn eine Muslimin mit bloßen Beinen läuft. Eine Weile trainierte Hassiba in den Wäldern im Gebirge. Sie hatte Angst, daß die fundamentalistischen Führer ihr Schaden zufügen würden. »Ich habe kein Verbrechen begangen, bloß weil ich eine Frau bin«, sagt sie, »warum sollte ich denn nicht laufen dürfen?« Auf diese Weise protestierte sie gegen die Fundamentalisten.

Yasia Haziz, die Siebenkämpferin, trainierte früher mit Hassiba zusammen. Dann bezeichnete eines Tages ein Vorübergehender sie als Prostituierte, und sie gab auf. Yasia Haziz wurde als Prostituierte bezeichnet, weil sie mit bloßen Beinen lief. Das geschieht auch in diesem Land, obwohl die Fundamentalisten hier nie eine Wahl gewonnen haben. Noch heißt unser Land nicht »Islamische Republik Bangladesch«. Trotzdem dürfen Frauen hier nicht mit bloßen Armen und Beinen trainieren; sie müssen ihre Schenkel mit Trainingsanzügen bedecken und dürfen nur auf von Mauern umgebenen Bahnen laufen, nicht auf offener Straße oder in den Feldern. Dort laufen sie Gefahr, angespuckt zu werden.

Algeriens früherer Präsident Boudiaf feierte Hassibas Goldmedaille, und er war es auch, der ihr den Weg geebnet hatte, indem er es ihr ermöglichte, an den Olympischen Spielen teilzunehmen. Die Fundamentalisten im Parlament wollten ein Gesetz verabschieden, das Frauen verbietet, sich sportlich zu betätigen, aber das gelang ihnen nicht. Das Gesetz ist immer noch nicht verabschiedet worden. Hassiba hat ständig gegen das geplante Gesetz und gegen die barbarischen Fundamentalistenführer protestiert. »Zahllose Algerierinnen«, sagt sie, »wollen, so wie ich, hinter dem Schleier hervorkommen. Ich kämpfe mit Blick auf diese Frauen. Wenn ich verliere, begraben sie ihre Hoffnungen.«

Hassiba hat nicht verloren. Sie hat gewonnen. Hassibas wegen wird man sich an Algerien erinnern. Das ist ihr größter Sieg über die Fundamentalisten. Diejenigen, die Frauen nicht erlauben, hinter dem Schleier hervorzukommen, diejenigen, die sagen, im Koran stünde nichts von Frauensport, diejenigen, die sagen, daß Frauen sich auf Haushaltspflichten und die Fürsorge für Ehemänner und Kinder konzentrieren sollten, diejenigen, die sagen, daß es die erste Pflicht der Frauen sei, Männern zu gefallen und Kinder zu gebären und daß es abgesehen davon keine Verdienste für Frauen gäbe, sind wie jene Menschen, die Hassiba anspucken, wenn sie vorbeiläuft. Aber mit ihren flinken Füßen hat Hassiba den Fundamentalisten einen kräftigen Tritt verpaßt.

»Ich muß diese Medaille unbedingt gewinnen«, sagte Hassiba, »damit ich denen widersprechen kann, die Religion und Politik vermischen. Ich bin Muslimin, und damit meine ich, daß ich im Herzen Muslimin bin. Aber mein Glaube ist nicht blind. Meine Ziele sind eine Medaille und ein Weltrekord. Und ich muß sie erreichen.«

Die Goldmedaillengewinnerin Hassiba hat den Frauen Algeriens gesagt, sie sollten ihre Ketten zerreißen und aus ihren modrigen Gefängnissen ausbrechen. Durch ihre Beharrlichkeit, ihren unerschütterlichen Mut und ihre Stärke trägt Hassiba dazu bei, die Algerierinnen aus dem Käfig zu befreien, in dem die Fundamentalisten sie eingeschlossen halten wollen. Darum sollten wir Frauen in Bangladesch, das von den Fundamentalisten bestürmt wird, Hassiba in unser Herz schließen.

Mögen hundert Goldmädchen wie Hassiba in unserem Land geboren werden. Mögen sie aus den Schatten ins Licht treten. Mögen sie die Fesseln, die man ihnen um Verstand und Glieder gelegt hat, zerreißen, die Ketten des Systems zertrümmern und sich wie Hassiba über ihren Sieg freuen. Mögen sie sich von der Unterdrückung durch Religion, Traditionen und Politik befreien; mögen sie triumphieren!

Die Klauen des Islam

Ich weiß nicht genau, wann es war, als sie diese Vorschrift einführten. Als es mir zum erstenmal auffiel, war ich sehr erstaunt, denn ich konnte nicht erkennen, was sie oder sonst jemand davon hatten. Ging es darum, die Chefs glücklicher zu machen? Wenn die Vorschrift die Chefs glücklich macht, dann ist natürlich etwas damit zu holen.

Heutzutage müssen Frauen, die im Fernsehen als Nachrichtensprecherinnen oder Ansagerinnen arbeiten, mit dem Ende ihres Saris die rechte Schulter bedecken, wenn sie vor der Kamera sitzen. Diese Vorschrift galt früher nicht, warum müssen Frauen sich also jetzt so kleiden? Und immer noch sind viele Leute unzufrieden, weil andere Körperteile noch zu sehen sind.

Zuerst dachte ich, irgendeine modebewußte Frau hätte absichtlich diesen neuen Stil, den Sari zu tragen, eingeführt, damit die dekorative Handarbeit am Saum besser zur Schau gestellt werden könnte. Später bemerkte ich, daß alle Frauen im Fernsehen es genauso machten. Wenn jede das tat, dann war klar, daß es nicht aus einer Laune heraus geschah, sondern auf Anordnung von oben. Aber warum war der Befehl gegeben worden? War es bequemer, das Ende des

Saris auf diese Weise hochzuziehen? Bequemer für wen? Sicherlich nicht für die Frauen selbst, denn sobald sie ihre Ansage gemacht oder ihre Nachrichten verlesen hatten, schoben sie den Sari wieder dorthin, wo er vorher gewesen war.

Warum also hat man Frauen diese sonderbare Bekleidungsvorschrift aufgezwungen? (Ich bezeichne sie als sonderbar, denn sie wird vor der Kamera peinlich genau beachtet und hinter der Kamera ignoriert.) Männliche Ansager und Nachrichtensprecher arbeiten mit den Frauen zusammen, aber ihre Körper werden nicht nach einer neuen Mode verhüllt.

Warum ist es so, daß Frauenkörper verhüllt werden müssen und daß derartige Vorschriften einzig und allein für Frauen gelten? Viele sagen, das sei im Islam so Brauch. Aber wenn Frauen sich den Kopf mit dem Sari bedecken, verhüllen sie vielleicht ihre modische Frisur, und viele sind dazu nicht bereit. Unsere Präsidentin und die Oppositionsführerin bedecken sich aus politischen Gründen die Köpfe, aber die Frauen, die für das Fernsehen arbeiten, hatten solche Motive nicht. Folglich reichten die Ränder ihrer Saris bis zu ihren Schultern statt bis zu ihren Köpfen hinauf. Jetzt haben sie keine andere Alternative, als die Vorschrift zu beachten. In einem Land, in dem der Islam auf dem Siegeszug ist, besteht die Notwendigkeit, sich zu verhüllen; ließen die Frauen ihre Körper unverhüllt, so würden Männer sie auf der Stelle anspringen. Vielleicht ist der Großteil der Bestimmungen im Islam dazu gedacht, die Begierden der Männer in Schach zu halten?

Wenn man schon islamische Vorschriften befolgt, dann darf man auch keine Ausnahme machen. Danach ist es gegen das Gesetz, daß Bilder von Frauen auf dem Fernsehschirm gezeigt werden. Frauen sollten von Männern getrennt bleiben, sie sollten ihre Wohnungen nicht verlassen, und die Frage, ob sie fürs Fernsehen arbeiten dürfen, sollte sich nicht einmal stellen. Bilder von lachenden, glücklichen Frauen sollten in der Werbung verboten werden, Frauen sollten nicht auf der Bühne stehen, und Frauen sollten nicht öffentlich singen oder tanzen dürfen. Wenn jemand die Gesetze des Islams befolgen will, dann muß er oder sie alle Vorschriften befolgen; es hat keinen Sinn, nur die Hälfte zu respektieren. Warum werden nur die Vorschriften durchgesetzt, die für Frauen gelten und mit denen Männer nichts zu tun haben? Warum regnen alle islamischen Verbote in diesem Land weiterhin auf die Frauen herab?

Das islamische Erbrecht ist Frauen gegenüber ungerecht – ein männliches Kind erbt zwei Teile vom väterlichen Vermögen, ein weibliches Kind nur einen. Aufgrund der Ehegesetze und der Vorschriften über die Mitgift werden Frauen an Männer verkauft; Männer versorgen Frauen mit Nahrung und Kleidung, und als Gegenleistung erfüllt die Frau nach Anweisung des Mannes verschiedene Pflichten im Haushalt, ganz ähnlich wie ein Hund von seinem Besitzer gefüttert wird und dafür pflichtgetreu das Haus seines Herrn bewacht. Männern ist es gestattet, viermal zu heiraten, und sie haben das Recht, ein Eheleben zusammen mit vier verschiedenen Ehefrauen in einem Haus zu genießen.

Das islamische Recht wurde in diesem Land nur eingeführt, um Frauen zu erniedrigen. Wo sind die anderen islamischen Gesetze – zum Beispiel das, welches vorschreibt, daß einem Dieb die Hand abgehackt wird? Oder ein anderes, das als Strafe für Unzucht Steinigung oder Auspeitschung vorsieht? Dieses Übel breitet sich aus wie die hundert Tentakel einer Krake. Doch leider steht darauf keine Strafe. Ich glaube, die Männer wollen diese Artikel des islamischen Strafsystems nicht einführen, weil nur Männer die Verbrechen verüben, die danach bestraft werden würden. (Die Männer, die diese Gesetze eingeführt haben, sagen, daß das Volk noch nicht bereit dafür sei und daß sie deswegen die Übertretung dieser Gesetze nicht in der vorgeschriebenen Weise unter Strafe stellen wollen.) Setze dir eine Kappe auf den Kopf, ziehe weite Hosen an und laufe in die Moschee, und alle deine Sünden werden dir vergeben.

Alle bewußten Menschen sind sich darüber im klaren, daß der Islam eine Art Schutzschild ist, ein Schild für Sünder und vom Glauben abgefallene Menschen, ein Schild für Kriminelle und Wüstlinge, der in diesem Land für politische Zwecke mißbraucht wird. Weil diese Gesellschaft und ihre Mitglieder so in die Politik verstrickt sind, kann der Schutzschild in verschiedenen Bereichen eingesetzt werden: im Radio, im Fernsehen, in sozialen Organisationen und anderswo. Die Fernsehproduzenten könnten nicht im Geschäft bleiben, wenn sie nicht auf dem Bildschirm Frauen tanzen lassen und sich gleichzeitig als gute Muslime präsentieren würden. Einerseits kommen sie ohne Frauen nicht zurecht, andererseits brauchen sie den Islam. Genauso wie das Aussehen der Frauen und ihr Singen und ihr Tanzen nützlich sind, so ist auch ein bißchen Islam nützlich. Indem die Fernsehleute ein paar Frauen zusammen mit etwas Islam präsentieren, richten sie ein ganz schönes Durcheinander an. Sie können nicht ohne Frauen, und sie können nicht ohne Islam, daher werden beide nicht so gezeigt, wie sie von Natur aus sind. Eine Frau kann nicht als richtiger Mensch dastehen, weil sie ihr Leben nicht so führen darf, wie sie es will oder gern möchte; sie ist ihrer Freiheit als Individuum beraubt. Gleichzeitig leidet auch der Islam, denn er wird nur halbherzig in die Praxis umgesetzt. Wenn der Islam praktiziert wird, sollte er ganz praktiziert werden – oder gar nicht. Wenn der Islam nicht gedeihen kann, warum sollte er dann vor sich hinvegetieren! Wenn er mit allen fünf Klauen zupacken kann, soll er das meinetwegen tun; zwei Klauen sind zuwenig.

Wenn es ihnen gelegen kommt, wollen sie den Schwachen den Islam aufzwingen; der Islam ist in der Tat eine Religion und trotzdem auch ein Schutzschild. Führende Politiker benutzen ihn, um ihre Unehrlichkeit zu überspielen, und das Fernsehen deckt ihre Verbrechen. Der Islam trifft auf die Schwachen. Wenn diese schwachen und törichten Frauen sich von den Vorschriften befreien würden, die sie unterdrücken, dann würden außer mir auch viele andere bewußte Menschen gern ihren Respekt für ihre Individualität zum Ausdruck bringen.

Ich sage nicht, daß ihr rebellieren sollt, indem ihr den Saum eures Saris von eurer rechten Schulter entfernt. Ich schlage nur vor, daß ihr den Saum eures Saris von der rechten Schulter nehmen sollt, wenn euch danach ist. Wenn ihr es nicht wollt, dann laßt es sein. Lebt euer Leben so, wie ihr selbst es wollt, und seht euch dann an, wie das Glück euch willkommen heißt. Unser Weg ist vielleicht voller Hindernisse und Fallstricke, aber wir werden ihn gehen. Wenn wir etwas nur stark genug wollen, dann ist keine finstere Macht in der Lage, uns davon abzuhalten.

Ihre eigene Vorratskammer bleibt leer

Da war ein Mädchen. Nach dem Tod ihres Vaters lebte sie bei ihrem Bruder. Der verkaufte sie in die Prostitution. Sie wollte leben, also floh sie. Die »Herren« wollten das nicht zulassen. Sie zerrten sie aus der Rikscha und vergewaltigten sie. Es war eine ganze Bande. Das junge Mädchen landete mit zerrissener Vagina im Krankenhaus. Reporter standen um ihr Krankenbett und hörten sich ihre traurige Geschichte an; den ganzen Tag lang klickten die Blitzlichter. Alle amüsierten sich gut. Die Kameraleute hatten ihren Spaß, die Reporter, die Herausgeber und die Zeitungshändler ebenso, und natürlich hatten auch die Leser ihr Vergnügen.

Heute kann eine Zeitung sich nicht halten, ohne Geschichten mit Schlagzeilen wie »Frau vergewaltigt« zu drucken. Viele Zeitungsleser, so habe ich bemerkt, lesen diese Artikel über Frauen sehr aufmerksam. Ich weiß nicht, ob sie das tun, weil ihnen die Artikel gefallen oder weil sie bei ihnen Empörung auslösen. Ich habe allerdings noch keine Anzeichen dafür gesehen, daß Leser, welcher Gesellschaftsschicht auch immer sie angehören mögen, durch solchen Lesestoff in Empörung geraten. Jeder findet Geschmack an Frauen, findet sie »zum Anbeißen«; jeder will eine »Perle von einer Frau«. Man hat Frauen zum Fressen gern, so als wären sie gares Fleisch, sie sind wie Mango Chutney – sie geben dem Leben Würze.

—✱—

Da Frauen in diesem Land ein so angenehmer Zeitvertreib sind, werden die Männer wütend, wenn sie sehen, daß diese Vergnügungsobjekte zu protestieren beginnen. Sie ohrfeigen sie, treten sie, würgen sie und zerhacken sie mit Messern. Eine Frau umzubringen, die das Verbrechen begeht, ihrem Mann keine Mitgift mitzubringen, ist in unseren Dörfern sehr leicht. Man braucht kein Fachmann zu sein, um einen Menschen zusammenzuschlagen und in den Dorfteich zu werfen, damit er ertrinkt, oder an einen Baum zu hängen. Die Polizei untersucht den Todesfall ein paar Tage lang. Natürlich steht die Zahl der Verdächtigen, die bei dieser Untersuchung festgenommen werden, in direktem Verhältnis zur Höhe der erhofften Bestechungsgelder. Ein grausiger Mordprozeß ist eine Farce, um Geld zu machen. Und was ist mit dem Problem der Mitgift? Was geschieht mit einem armen Vater, wenn er versucht, seine Tochter zu verheiraten, und es ihm nicht gelingt, den Bräutigam mit Brautgeld, einem Fahrrad, einem Transistorradio und einer Uhr auszustatten? In diesem Land ist beides verboten, eine Mitgift zu geben und eine anzunehmen. Zumindest wird das immer behauptet. Dennoch finden diese illegalen Aktivitäten täglich statt. Männer sind eifrig bemüht zu heiraten, weil sie hoffen, vom zukünftigen Schwiegervater Geld zu bekommen. Sie schachern um die Höhe des *denmohar*, des Geldes, das sie ihrer Frau für den Fall versprechen müssen, daß sie sich von ihr scheiden lassen. Sie wissen, daß es leicht ist, eine Ehe aufzulösen. Wenn der Brautvater es versäumt, die Mitgift innerhalb der festgesetzten Zeit zu bezahlen, dann kann der Ehemann seiner Frau so leicht das Leben aus der Brust reißen, wie man eine Taube aus ihrem Käfig befreit.

—✱—

Man sagt, daß Männer sehr hart arbeiten. Viele sind sich nicht darüber im klaren, daß das überhaupt nicht stimmt. Stellen wir uns einmal einen wohlhabenden Haushalt in einem Dorf vor. Die Hausfrau wacht im Morgengrauen auf, wenn die Krähen zu krächzen beginnen. Sie geht hinaus und fegt den Hof, und wenn die Fußböden des Hauses aus Lehm bestehen, reibt sie sie mit Kuhdung ein. Dann geht sie in die Küche, um Feuer im Herd zu machen. Wenn kein Holz da ist, nimmt sie eine Axt und geht nach draußen und schlägt welches, trägt es dann ins Haus und zündet das Feuer an. Sie setzt Reis, Linsen und Curry auf und knetet den Teig für die Fladenbrote. Wenn sie das Vieh aus dem Stall holt, kommt ihr Mann und setzt sich auf die Terrasse. Die Frau häuft ihm Reis auf den Teller und serviert ihm Linsen und Curry und salzt sein Essen; sie bringt ihm Chilischoten und ein Glas Wasser. Wenn der Mann gegessen hat, rülpst er und geht aufs Feld. Dort pflügt oder sät er, verteilt Dünger oder erntet Reis. Stellen wir uns vor, er hat Reis geerntet. Seine Frau stampft den Reis, kocht ihn in einem riesigen Eisenkessel ab, dann wird er getrocknet und anschließend gedroschen und in den Vorratsraum gestellt. Zwischendurch, während sie den frisch geernteten Reis abkocht und drischt, bereitet sie eine Mahlzeit zu. Der Mann nimmt ein kurzes Bad im Dorfteich und kehrt dann zurück und setzt sich auf die Terrasse auf den Boden oder auf einen Hocker und reibt sich Senföl ins Haar. Dann ißt er voller Befriedigung das Essen, das die Frau gekocht und serviert hat.

Anschließend mistet die Frau den Kuhstall aus. Der Mann beendet seine Mahlzeit und macht einen Spaziergang. Oder er bleibt auf der Terrasse sitzen und saugt an seiner Wasserpfeife. Man hört lebhaftes Geplauder und schallendes Gelächter. Die Frau des Hauses füttert das Vieh mit dem Kochwasser vom Reis, in das sie Salz hineingibt, und schneidet Grünfutter für die Tiere. Am Morgen hat sie ein paar Handvoll kalten Reis hinuntergeschlungen; bis zum Abend hat sie keine Mahlzeit zu sich genommen. Sie zündet eine Lampe oder eine Sturmlaterne an und trifft Vorbereitungen für das Abendessen. Sie wäscht das Geschirr und die Töpfe ab und fegt den Hof. Sie hat nicht die Zeit zu essen oder sich die Haare zu kämmen oder ihren schmutzigen Sari zu wechseln. In der Abenddämmerung, wenn sie von ihrem Spaziergang zurückgekommen sind, haben die Männer wieder Appetit. Am späten Abend ißt der Ehemann noch einmal und geht dann schlafen. Und wenn die Frau schließlich alle Arbeiten erledigt hat und ins Bett kommt – dann vergnügt ihr Mann sich mit ihrem müden, ausgezehrten, halbverhungerten und verschwitzten Körper.

Die Frau muß die gesamte schwere Arbeit tun. Die Frauen stellen den gesamten Reis in die Vorratsräume der Männer. Ihre eigene Vorratskammer bleibt immer leer.

Größenwahn, dein Name ist Mann

Irgendein Idiot hat einmal gesagt: »Zehn Zentimeter Stoff reichen aus, um den Makel vom Charakter eines Mannes zu entfernen, aber der Makel einer Frau kann auch von sechs Metern Stoff nicht zugedeckt werden.«

Niemand hat dem Mann gesagt, wie dumm er war. Niemand war überrascht oder empört über diese sonderbare Bemerkung. Man hielt diesen Trampel für einen »kultivierten Herrn«. Wir, die Menschen, die man als »Frauen« bezeichnet, leben unter solchen »feinen Herren«, wir, die gebeugten Frauen.

Ein zehn Zentimeter großes Stück Stoff reicht aus, um einen Schandfleck vom Charakter eines Mannes zu entfernen. Dieses Stückchen Stoff ist, mit anderen Worten, groß genug, um den Samen von seinem Sexualorgan abzuwischen. Und den Schandfleck auf dem Charakter der Frau können nicht einmal sechs Meter Stoff verbergen – damit ist gemeint, daß der Sari einer Frau auseinanderklafft, wenn sie schwanger wird, und alles enthüllt. Nach Ansicht der »Herren« sind sexuelle Beziehungen der Schlüssel zur Beurteilung des menschlichen Charakters. Durch sexuelle Beziehungen werden Frauen schwanger. Und dieses Schwangerwerden wird von jenem gewissen »Herren« als »charakterlicher Makel« bezeichnet, und anschließend teilt er die Früchte solcher Beziehungen in legitime und illegitime ein. Die Männer, die die Wörter geschaffen haben, bezeichnen die Nachkommen der Frauen als legitim oder illegitim, weil es ihnen so paßt. Und die Hilflosen der Gesellschaft, die hoffnungslosen, im Stich gelassenen, machtlosen Frauen, finden sich als Angeklagte vor einem Gericht aus lauter Männern wieder. Gibt es denn keine anderen Merkmale für die Qualität des Charakters? Die »Herren« haben den Charakter in die zwölf oder fünfzehn Zentimeter der Vagina gepreßt. Hier sind der gute Ruf der Frauen und seine Zerstörung angelegt.

Doch Charakter geht selbstverständlich darüber hinaus. Ein »charakterlicher Makel« sollte ein Kind im Mutterleib nicht beflecken. Kinder sind rein und schön – sie sollten nicht mit dem Schmutz der Gesellschaft in Kontakt gebracht werden. Es gibt keine zivilisierte Theorie, die besagt, daß die Nabelschnur eines Kindes mit einem gesellschaftlich sanktionierten Ehebund verknüpft ist. Wenn eine Frau ein Kind haben möchte, soll sie eins bekommen, sie hat das Recht dazu. Die »Herren« werden einen Trauschein sehen wollen; die Wachhunde der Gesellschaft werden den Charakter der Frau in den Schmutz ziehen, und sie werden ihr die von ihnen aufgestellte Definition der Keuschheit unter die Nase reiben, aber das alles spielt keine Rolle, weder für die Frau noch für das Kind. Die moralischen Wachhunde können Mutter und Kind in die Gosse werfen, sie beleidigen, auspeitschen, ins Gefängnis stecken – aber trotz allem wird die Heiligkeit der Frau und des Kindes nicht angetastet. Der ständige Kampf der Frauen wird eines Tages beweisen, daß eine Frau ein Recht auf jeden Teil ihres Körpers hat, ein Recht darauf, daß er sich ausdehnt und zusammenzieht, und wenn ihr Körper sich verformt, dann wird sie ihn eben mit sechs Metern Stoff verdecken.

Der Satz »Schwachheit, dein Name ist Weib« ist wohlbekannt. Jeder hat ihn schon gehört. Wenn ein Herr zu einer Versammlung von Frauen käme und, um sie zu erheitern, diesen Satz zitierte, dann würden die Frauen vor Lachen übereinanderkugeln. Sie würden seinen Ausspruch ganz süß finden. Sie würden sich geschmeichelt fühlen.

Diese unwissenden Frauen haben kein »geflügeltes Wort«, das man benutzen könnte, um Männer entsprechend zu charakterisieren. Es ist, als würden Männer auf einer Schaukel sitzen und die Frauen hinter ihnen stehen und sie anstoßen; so lange, wie die Frauen ihnen Schwung geben, schaukeln die Männer weiter, und so lange werden die Frauen nicht die Chance bekommen, auf die Schaukel zu klettern und selbst zu schaukeln.

Männer glauben, sie hätten die Erde mit ihren starken Muskeln und ihrem fünfzehn Zentimeter langen Organ unterworfen, das sie für so großartig und toll und wunderbar halten. Das stimmt in keiner Weise. Wir leben in einem Zeitalter der Vernunft, man kann die Welt nicht mit einem fünfzehn Zentimeter langen Ding umkrempeln. Wenn man etwas im Kopf hat, verdient man etwas, andernfalls bekommt man nichts.

Zehn Zentimeter Heroismus haben völlig gereicht. Und jetzt macht, daß ihr wegkommt, Männer!

Männer zeigen eine Stärke, die sie eigentlich gar nicht besitzen. Es ist an der Zeit, Männern das Bonmot »Größenwahn, dein Name ist Mann« zu präsentieren. Seit Shakespeares Zeiten hat es sicherlich Fortschritte gegeben. Die Zeiten ändern sich und verursachen dadurch immer weiteren Wandel. Die Welt wird sich nicht von ein paar unzivilisierten Männern in Bangladesch auf den Kopf stellen lassen. Diese Welt wird nicht die »verrottete Gesellschaft« bleiben, die von den »feinen Herren« geschaffen wurde. Die Gesellschaft muß sich verändern, und diejenigen, die diese Gesellschaft verändern, müssen »unfein« sein. Die »Unfeinen« werden in der Lage sein, die Genitalien der »feinen Herren« zu entmachten.

Geldbuße für Väter von Töchtern

In letzter Zeit spricht mein Vater häufig vom Tod. Ich stehe schweigend am Kopfende seines Bettes; er sagt mit seiner schwachen Stimme: »Ich werde nicht mehr sehr lange leben, mein Liebes.« Vater hat erhöhten Blutdruck und Diabetes. Außerdem ist er alt geworden. Jetzt möchte er seine Kinder um sich haben. Die beiden Töchter besuchen ihn, aber die Söhne schaffen es nicht. Sie haben nicht die Zeit, am Krankenbett ihres Vaters zu stehen; die beiden Söhne haben nicht genug Zeit, sich die Wünsche ihres Vaters anzuhören, mit ihm zu sprechen, sich an ihre Kindheit zu erinnern. Wir beiden Töchter sind voller Liebe und Zuneigung. Wir Schwestern bleiben unserem Vater in seinen Freuden und Nöten nahe. Wir streichen ihm liebevoll über die Stirn. Wir schlafen die ganze Nacht nicht, weil er krank ist.

Mein Vater ist ganz von den Gedanken an seinen bevorstehenden Tod in Anspruch genommen. Er macht sich Sorgen um die Zukunft seiner Kinder. Die Töchter stehen zu beiden Seiten seines Krankenbettes, aber er läßt seine Söhne rufen und bespricht die Übertragung des Besitzes einzig und allein mit ihnen. Die Töchter dürfen während des Gespräches das Zimmer nicht betreten. Er zeigt den Söhnen, wo die Besitzurkunden für sein Ackerland liegen, und nach dieser Unterredung über die Übertragung des Besitzes kehren die Söhne in ihr jeweiliges Zuhause zurück. Vielleicht träumen sie von weiten Feldern, auf denen sie große Häuser bauen könnten; vielleicht sind sie scharf darauf, das Geld ganz schnell in die Finger zu kriegen. Vielleicht wollen sie gar nicht, daß ihr kranker Vater wieder gesund wird und von seinem Krankenbett aufsteht.

Wir Schwestern jedoch wünschen uns, daß unser Vater noch sehr lange lebt, daß wir mit ihm Spaziergänge an das weit entfernte Meeresufer machen können; wir wünschen ihm ein langes Leben, in dem wir unsere Tage mit Lachen und Singen und Reden verbringen, in dem wir bei ihm sitzen und uns Geschichten von früher erzählen.

Mein Vater liebt seine beiden Töchter sehr. Aber er weiß, daß der größere Teil seines Besitzes und seines Reichtums in die Hände seiner beiden Söhne gelangen wird. Seine Töchter werden eine bescheidene Summe oder gar nichts erben. Doch wenn seine Häuser und sein Land jemandem nützen würden, dann seinen Töchtern; seine Söhne besitzen bereits Geld und Land, es fehlt ihnen an nichts. Wir beiden Töchter treiben ohne Anker auf dem Strom des Lebens. Aber wir werden weniger bekommen, während die, die viel haben, auch viel bekommen werden. Wir werden zu den Besitzlosen gehören. Wer etwas hat, bekommt immer mehr, und wer viel hat, bekommt am meisten.

—✱—

An jenem Tag erlebte ich mit, wie ein anderer Vater sich Sorgen machte. Er hatte eine Tochter, und dieser wollte er seinen gesamten Besitz vermachen. Der Grund für seine Sorgen war nun, daß in diesem Land, so will es das Erbrecht, der Sohn der Haupterbe ist, denn es wird als Unglück angesehen, eine Tochter zu haben. Dieser Vater wollte alles auf den Namen seiner Tochter überschreiben. Tat er das nicht, dann würden die Geier sich auf seine Hinterlassenschaft stürzen und sie verschlingen. Wenn er sein Vermögen überschrieb, würde man zehn Prozent davon als Steuern von ihm verlangen, sozusagen als Strafe dafür, daß sein Kind zufällig eine Tochter ist. Wenn er aber einen Sohn bekommen hätte, würde dieser Sohn das gesamte Erbe erhalten, und dem Vater würde die zehnprozentige Sonderausgabe erspart bleiben.

Ein Kind ist genug, ob es nun ein Sohn oder eine Tochter ist. Diesen Slogan verbreitet unsere Regierung. Einerseits betont die Regierung ständig, daß Töchter ebensoviel wert seien wie Söhne, andererseits jedoch zieht sie weiter diese Überschreibungssteuern ein. Warum kann eine Tochter nicht das gesamte Vermögen ihres Vaters erben, und warum kann der Vater es ihr nicht übertragen? Warum muß er die zehn Prozent Verlust hinnehmen? Wenn die Regierung Töchtern nicht dieselben Rechte gibt wie Söhnen, dann bleibt die Geburt einer Tochter eine Tragödie, wenn ein Vater seiner Tochter etwas schenken will, wird er bestraft. Warum sollten Paare sich also wünschen, Töchter zu bekommen? Müssen sie sich nicht nach der Geburt einer Tochter einen Sohn wünschen? Doch, selbstverständlich. Großzügigkeit existiert nur äußerlich, innen regiert das halsabschneiderische Messer der Sitte. Es gab eine Zeit, als man Mädchen nach der Geburt die Kehle aufschlitzte; tief innen herrscht auch heute noch undurchdringliche Dunkelheit.

Unterdrückung der Sexualität

Eines Tages unterhielt ich mich mit einer Frau, die die Damentoiletten in einem Fünf-Sterne-Hotel putzte. Ich fragte sie, wieviel Geld sie dafür bekäme. Ihre Antwort machte mir klar, daß sie mehr verdiente als ich mit meiner Tätigkeit als Ärztin. Als ich sie nach ihrer Familie fragte, erzählte sie mir, sie habe einen Mann und drei Kinder. Was ihr Mann mache, fragte ich. Gar nichts, antwortete sie. Er war seit sieben Jahren gelähmt ans Bett gefesselt. Vor sieben Jahren hatte eine Krankheit dazu geführt, daß er seine rechte Körperhälfte nicht mehr bewegen konnte. Seitdem hatte seine Frau die Familie ernährt. Sie erzog die Kinder und ernährte und kleidete ihren Mann und sorgte dafür, daß er medizinisch betreut wurde.

Ich fragte sie, ob sie für alle Kosten selbst aufkäme oder ob die Eltern oder die Geschwister ihres Mannes ihr bei den Ausgaben helfen würden. Nein, niemand half ihr. Die ganze Last lag auf ihren Schultern. Ich fragte sie nach ihrem Sexualleben. Sie sah mich schokkiert an. Vielleicht hatte ihr noch nie jemand diese Frage gestellt. Sie hatte einen gelähmten Ehemann zu Hause, der zu sexuellen Aktivitäten nicht fähig war; wie konnte sie sieben lange Jahre mit einem impotenten Mann zusammenleben? Niemand hatte sie danach gefragt. Das Leid, das sich in ihrem Herzen und in jeder Pore ihres fünfunddreißigjährigen Körpers eingenistet hatte, war plötzlich deutlich zu sehen, so als wären diesem Kummer und Schmerz plötzlich alle Türen und Fenster geöffnet.

»Mein Mann ist impotent«, sagte sie, »seit meinem achtundzwanzigsten oder neunundzwanzigsten Lebensjahr haben wir keinen ehelichen Verkehr mehr gehabt.«

»Warum haben Sie nicht noch einmal geheiratet?«

»Was hätte ich mit meinem Mann machen sollen?«

»Angenommen, Ihnen wäre etwas zugestoßen, und Sie wären es, die die letzten sieben Jahre gelähmt zu Hause im Bett gelegen hätte; glauben Sie nicht, daß Ihr Mann in diesem Fall wieder geheiratet hätte?«

Die Frau nickte mit dem Kopf. »Doch, doch, natürlich hätte er das.«

»Warum heiraten Sie dann nicht wieder?«

»Ich habe Kinder. Es wäre schlecht für sie.«

»Also gut, heiraten Sie nicht wieder, aber warum fügen Sie sich selbst unnötiges Leid zu? Warum befriedigen Sie Ihre Bedürfnisse nicht?«

Die Frau biß sich auf die Zunge und fragte: »Wie meinen Sie das?«

»Wenn Ihr Mann gesund wäre, würde er dann sieben Jahre lang in dieser Weise allein bleiben? Würde er sieben Jahre seines Lebens mit einer behinderten Ehefrau verbringen?«

Die Frau dachte ein bißchen nach. Sie runzelte die Brauen und sagte: »Unmöglich!«

»Aber für Sie ist es möglich? Das liegt nur daran«, erklärte ich ihr, »daß Sie eine Frau sind. Wenn eine Frau hier unverheiratet oder Witwe ist, wenn sie geschieden ist oder die Scheidung beantragt hat oder wenn sie verheiratet ist und einen impotenten Mann hat oder wenn ihr Mann aus irgendeinem Grund nicht zu sexuellen Aktivitäten fähig ist, wird von ihr erwartet, daß sie ihre sexuellen Bedürfnisse unterdrückt.«

Wenn eine Frau ihre sexuellen Bedürfnisse nicht unterdrückt, obwohl sie nicht verheiratet ist, dann kann sie nicht erlöst werden. Weil sie ins Paradies zu kommen hofft, hatte die Frau, mit der ich sprach, sieben lange Jahre keinen Mann berührt. Sie hatte ohne Freude vor sich hingelebt, während sie das arme Wesen, ihren behinderten Mann, fütterte und ankleidete. Und in unserer Gesellschaft würde man ihr dafür Beifall spenden. In den Augen der Gesellschaft ist ihre sexuelle Selbstverleugnung die Leistung einer *sati*, einer »wahrhaft keuschen Frau«, und kennzeichnet sie als Anwärterin auf einen Platz im Paradies. Männer, so scheint es, sind von der merkwürdigen Verpflichtung zu sexueller Zurückhaltung völlig befreit. Die Verpflichtung gilt nicht für beide Seiten. Sie wird nur Frauen auferlegt.

Frauen im Beruf III

Eines Tages gehörte ich einem Gremium zur Auswahl von Bewerbern in einer recht großen Organisation an. Ein Führungsposten dort war freigeworden, und die Mindestanforderung war der Magister. Der Vorstand der Organisation führte mit den hochgebildeten Männern und Frauen, die sich für die Stelle beworben hatten, der Reihe nach Bewerbungsgespräche. Ich selbst hatte kein Stimmrecht; ich war nur als Beobachterin anwesend. Ich war erstaunt, auf wie unterschiedliche Art männliche und weibliche Bewerber befragt wurden. Ein männlicher Bewerber wurde nach seinem Namen gefragt, nach seinen Universitätsabschlüssen, zu welcher Studentenverbindung er gehört hatte, welche Fächer er studiert hatte, welche beruflichen Erfahrungen er hatte und ähnliches. Bei Bewerberinnen jedoch waren andere Qualifikationen erforderlich. Bevor die Frauen nach ihrem eigenen Namen gefragt wurden, wollte man wissen, ob sie verheiratet waren. Wenn das der Fall war, fragte man sie nach dem Namen ihres Mannes, nach seinem Beruf, seiner Adresse und so weiter. Der Eignung des Ehemannes der Bewerberin wurde größere Bedeutung beigemessen als der Eignung der Bewerberin selbst. Wenn der

Ehemann zufällig Büroangestellter war, sank die Attraktivität der Bewerberin; wenn er eine Führungsposition innehatte, nahm sie zu. Die Eignung der Bewerberin spiegelte die Eignung ihres Ehemannes wider. Einige Organisationen halten sogar immer noch die physische Attraktivität der Bewerberin für ein Eignungsmerkmal. Frauen gehen auf Schulen, studieren an Colleges und Universitäten und machen dort Abschlüsse, aber ihr Studium trägt nicht dazu bei, daß sie aufgrund ihrer Qualifikation als Individuen beurteilt werden.

Die Bewerberin

Nachdem meine jüngere Schwester ihren Magister gemacht hatte, bewarb sie sich bei verschiedenen Stellen um Arbeit. Auf ihrer Liste von möglichen Arbeitgebern standen zwei oder drei private und staatliche Banken. Ich fragte sie, ob sie sich bei der City Bank oder bei der Al-Baraka Bank beworben hätte.

»Ich habe mich beworben, aber sie wollten mich nicht nehmen«, sagte meine Schwester.

»Warum nicht?«

»Sie nehmen keine Frauen.«

»Selbst wenn du die geforderte Ausbildung hast, wollen sie dich nicht nehmen?«

»Nein. Sie wollen einen Mann.«

Was ist der Grund dafür?

Ich habe gehört, daß Arbeitgeber Frauen nicht einstellen, weil diese Mutterschaftsurlaub bekommen müssen und weil man sie nicht zwingen kann, Überstunden zu machen. Es ist ein Menschenrecht, eine Arbeit annehmen zu dürfen, für die man qualifiziert ist, ob man nun männlich oder weiblich ist. In diesem Land sind es nicht nur Banken, sondern auch eine Reihe anderer Firmen, die Frauen nicht einstellen wollen. Ihre Ausbildung, ihre Kompetenz und ihr Wissen zählen nicht, weil sie als weibliche Wesen auf die Welt gekommen sind.

Ist es zu glauben, daß die Firmen eines zivilisierten Landes auf der Schwelle zum einundzwanzigsten Jahrhundert öffentlich verkünden, daß sie keine Frauen einstellen, weil diese Mutterschaftsurlaub verlangen können?

Viele junge Frauen aus der Unterschicht arbeiten heute in staatlichen Fabriken; ein Pharmaunternehmen in Bangladesch stellt ausschließlich Frauen ein, und in regierungsunabhängigen Organisationen sind weithin Frauen beschäftigt – das alles sind gute Zeichen, selbst wenn es Klagen gibt, daß die Frauen nur wenig Lohn bekommen. Sie werden genau deswegen eingestellt, weil sie als »billige Arbeitskräfte« gelten.

Unzivilisierte Gesellschaften haben Fatwas verkündet, die aussagen, daß es Mädchen und Frauen nicht erlaubt ist, außer Haus zu arbeiten, und daß sie statt dessen zu Hause sitzen müssen; es gehört sich nicht, daß sie sich selbst ernähren. Kein Land, in dem nicht jeder erwachsene Bürger finanziell unabhängig ist, kann jemals zivilisiert werden. Das ist meine Überzeugung.

In der Verfassung dieses Landes heißt es, daß Männer und Frauen gleiche Rechte haben. Aber niemand richtet sich danach. Obwohl Privatfirmen dieses Verfassungsrecht verletzen, dürfen sie ihren Geschäften weiterhin nachgehen. Ich weiß, daß man auf die Regierung keine Hoffnung setzen kann, denn die Regierung hat die Prinzipien, die die Menschenrechte betreffen, selbst nicht akzeptiert.

Die Zahl der Frauen, die zu Hause bleiben, ist viel

größer als die Zahl derer, die sich eine Ausbildung erkämpft haben und nun außer Haus arbeiten. Und das liegt nicht an fehlenden Arbeitsplätzen. Viele sagen, Frauen könnten keine schwere Arbeit tun, daher seien ihnen leichte Aufgaben vorbehalten. Das ist Unsinn. In der Landwirtschaft leisten Frauen von Tagesanbruch bis Mitternacht schwere Arbeit. Sie hacken Löcher, tragen Erde in Körben fort, klopfen Ziegelsteine und erfüllen alle anderen Aufgaben genausogut wie Männer.

Eines Tages war ich mit zwei männlichen Bekannten in einem Restaurant. Sie sahen ein paar junge Mädchen dort arbeiten und kicherten bei ihrem Anblick. Sie hielten solche Frauen für »schlechte Mädchen«. Unsere Gesellschaft hat sich noch nicht an den Gedanken gewöhnt, daß Frauen andere als sehr niedrige oder hochqualifizierte Arbeit verrichten können. Eine Frau ist entweder Industriekapitänin oder Kuhfladensammlerin, Prostituierte, Dienstmädchen, Putzfrau. Wenn eine Frau im mittleren Bereich des Arbeitsspektrums eine Stelle annimmt, dann stehen die alten Vorurteile unserer Gesellschaft unverrückbar fest.

Frauen dürfen nicht Soldaten werden. Was steckt dahinter? Können Frauen nicht rennen, springen oder schießen? Natürlich können sie das. Die Frauen anderer Länder haben das bewiesen. Sie können Flugzeuge fliegen und Schiffe steuern, und schießen können sie ebenfalls. Indem Männer Philosophien, Wissenschaften und epische Gedichte geschaffen und Körper und Geist der Frauen in ein mysteriöses Netz verwickelt haben, haben sie sie von der harten Realität isoliert und sie gleichzeitig der Menschenrechte beraubt. Frauen können sehr wohl als Verkäuferinnen, Lastwagen-, Bus- oder Taxifahrerinnen, Barkassenkapitäninnen oder Zugführerinnen ihre Fähigkeiten zeigen und in Banken, Versicherungsgesellschaften, Restaurants, Hotels, Krankenhäusern, Wäschereien und Autowerkstätten arbeiten. Wenn gesetzlich vorgeschrieben würde, daß mindestens fünfzig Prozent der Arbeitskräfte in den Fabriken, die Kleidung, Papier, Seife, Haarschampoo, Kosmetika, Gesichtspuder, Medikamente, Schuhe, Jute, Ziegel, Kugelschreiber, Bleistifte, Gewürze und Keramik produzieren, Frauen sein müssen, dann würde das Problem der Arbeitslosigkeit qualifizierter Kräfte verschwinden, und Frauen bliebe der beleidigende Hinweis erspart, daß sie von jemand anders abhängig sind. Die Industrie würde dadurch gewinnen, weil sie eine größere Zahl guter, fleißiger und geschickter Arbeitskräfte bekäme. Außerdem glaube ich, daß Frauen sich als bessere Schreiner und Maurer erweisen würden, als Männer es sind.

»Müßiggang ist aller Laster Anfang« – heißt ein bekanntes Sprichwort. Indem sie Frauen zum Müßiggang zwingen, treiben die führenden Köpfe unserer Gesellschaft Frauen dem Laster in die Arme. Frauen legen Make-up auf, tanzen, lachen, spielen und – genug! Sie müßten sich acht oder neun Löcher in jedes Ohrläppchen stechen lassen, um sich ihre goldenen Ohrringe alle anhängen zu können, und genauso viele Löcher in die Nasen für alle ihre Nasenringe. Sie werden in unproduktive, unökonomische, dem Lasterleben verfallene Geschöpfe verwandelt. Der einzige Gebrauch, den solche Frauen von ihrem arbeitslosen, faulen Gehirn machen, besteht darin, neue Arten von Make-up zu ersinnen, den Modeströmungen zu folgen und auf andere Weise ihre Reize zu erhöhen. Es ist inzwischen sogar Mode, daß Frauen ihre Kinder in die Schule bringen und wieder abholen. Weil die Kinder um neun in die Schule gebracht werden müssen, stehen ihre Mütter um sechs Uhr morgens auf, um sich zurecht zu machen.

Eine Verwandte sagte neulich, wenn es ihr nicht gelänge, einen Platz auf einer Fachschule oder am College zu bekommen, wäre das nicht schlimm.

Ich fragte nach dem Grund.

»Lehrerin ist ein guter Beruf für Frauen, er ist ungefährlich«, erwiderte die Verwandte.

Inzwischen hat die Gesellschaft entschieden, welche Berufe für Frauen ungefährlich sind und welche nicht. Ein Arbeitsplatz oder ein Beruf, für den eine Frau sich entscheidet und für den sie Fähigkeiten gezeigt hat, sollte »gut« für sie sein. Wenn Frauen Menschen sind, dann darf man eine Frau nicht daran hindern, einer Arbeit nachzugehen, an der man auch einen Mann nicht hindern würde. Frauen haben Hände und Füße und Gehirne und sind vollständig entwickelte Menschen. Keine Person, keine Institution und kein Land hat das Recht, sie arbeitslos zu halten.

Wichtige Nachrichten

Manche Zeitungsartikel springen einem nicht ins Auge. Eine Frau erhängt sich an einem Baum; jemand sticht einer Hausfrau ein Messer in die Kehle; ein junges Mädchen wird erst vergewaltigt und dann in einen Sack gesteckt und in einen Fluß geworfen; eine Frau wird erwürgt, weil sie keine Mitgift mitbrachte; eine andere wird mit einem Beil zerstückelt – keines dieser Ereignisse wird als wichtige Nachricht eingestuft, und keines ruft in diesem Land einen Aufschrei hervor, wenn in der Zeitung darüber berichtet wird. Es gibt so viele andere wichtige Dinge: Den großen Brunnen, der zu Ehren des Treffens des South Asian Regional Committee erbaut wurde und der nachts von sieben Farben angestrahlt wird, die die sieben Mitgliedsstaaten symbolisieren; den Besuch der pakistanischen Premierministerin, aus dessen Anlaß eine Parade zum Tag des Sieges und eine farbenprächtige Kundgebung stattfinden; Filme werden gezeigt, CNN berichtet, Minister halten Reden, und Bürokraten wühlen in Papieren. Kann man angesichts all dieser Ereignisse die Tatsache, daß einer Prostituierten ein Begräbnis auf dem Friedhof verweigert wurde, als wichtige Nachricht ansehen?

Ein Schild hängt über dem Eingang des Friedhofes, und darauf steht: »Für Frauen ist der Zutritt verboten«. Mit anderen Worten, lebende Frauen dürfen den Friedhof nicht betreten, man hält sie dessen erst für würdig, wenn sie tot sind. Aber der Stadtrat von Jamalpur ließ die siebzigjährige Malati auch nach ihrem Tod nicht auf den Friedhof. Die Friedhofserde hatte keine Einwände dagegen, Malati aufzunehmen, aber die Männer erhoben Einspruch. Diese Männer ließen nicht zu, daß Malati in Kontakt mit der Erde kam. Ein Mitglied des Stadtrats verbot, daß der Leichnam auf dem Friedhof begraben wurde. Weder die Stadtverwaltung noch die Distriktoberen äußerten sich zu diesem Verbot.

Warum darf Malatis Leiche nicht mit dreieinhalb Fuß Erde bedeckt werden? Als Grund wurde angegeben, Malati sei »eine gefallene Frau«. Weil Malati Prostituierte war, würde ihr sündhafter Körper die Heiligkeit des Friedhofs besudeln, und daher haben die »heiligen Männer« in Jamalpur beschlossen, gegen eine solche Sünderin keine Nachsicht zu üben. Da die Leiche nicht auf den Friedhof gebracht wurde, blieb sie zwei Tage lang unbeerdigt liegen. Schließlich wurde sie an einer Stelle außerhalb der Friedhofsgrenze verscharrt.

Was ist der Grund für eine derartige Grausamkeit? Warum sollte die Gesellschaft so zornig auf Malati sein, bloß weil sie eine Prostituierte war? Ich weiß nicht, wie und warum sie das wurde, was sie war. Aber ich vermute, daß entweder irgendein schlauer Mann die unschuldige Malati an ein Bordell verkaufte oder daß ihr Ehemann sie zu Hause hinauswarf und jemand sie auf der Straße fand und in ein Bordell schleppte. Ich nehme an, daß die Regierung Malati in ihrem neuen Beruf ermutigte: Da Malati unter bitterer Armut litt und von der Gesellschaft unterdrückt wurde und da die Regierung ihr keine Arbeit verschaffte, empfahl sie ihr praktisch, ihre Kräfte der Prostitution zu widmen. So hatte Malati das Sperma dieser »heiligen Männer« in ihren Körper aufgenommen und war dadurch selbst zur »Sünderin« geworden. Zu ihren Lebzeiten hielt die Gesellschaft keinen Platz für sie bereit, und als sie starb, war auch auf dem Friedhof kein Platz für sie.

Dieselben Behörden, die solche Frauen am Leben halten wollen, damit sie den »Herren der Gesellschaft« zu Diensten sein können, haben die Beerdigung ihrer Leichen verboten. Prostitution wurde nicht verboten, das Begräbnis der Prostituierten jedoch wohl. Warum gibt es eine solche Vorschrift? Wir können sie nicht hinnehmen. Wir Frauen haben alle gelitten, wenn auch nicht im gleichen Maße wie eine Prostituierte: Wenn man als Frau geboren wird, ist Leiden unvermeidlich – es gibt keine Frau auf der Welt, die immun dagegen ist. Sowohl die Frauen, die außerhalb der Gesellschaft stehen, als auch diejenigen, die akzeptierte Mitglieder sind, haben viel zu erdulden, manche weniger und manche mehr, darin besteht der einzige Unterschied.

Ich respektiere eine Premierministerin, aber eine Prostituierte respektiere ich um nichts weniger. Als Menschen haben Prostituierte auf dieser Welt die gleichen Rechte wie alle anderen Menschen auch. Niemand wird als Prostituierte geboren. Die Gesellschaft macht manche Menschen zu Intellektuellen und andere zu Kriminellen, manche zu Priestern und andere zu Prostituierten. Die Starken in der Gesellschaft nutzen die Vorteile und Möglichkeiten für sich und stoßen die Schwachen beiseite, hinaus in die Dunkelheit. Dafür schäme ich mich.

Wem gehört die Erde, unter der Malati nicht begraben werden durfte? Wer ist der große Mann, für den der Erdboden reserviert wurde, der Boden, auf den Malati kein Recht hatte, Malati, eine Bürgerin dieses Landes? Malati ist ein mittelloses, unterdrücktes, armes und schwaches Produkt unserer Erde. Wenn dieser Boden nicht Malati gehört, wem gehört er dann?

Als Kind stand ich eines Tages auf unserem Dach, stützte mich auf das Geländer und blickte auf die nachmittägliche Straße hinunter, die völlig verlassen dalag. Nach einer Weile sah ich jemanden langsam die Straße entlanggehen. Ein Verwandter saß mit mir auf dem Dach. Ich sagte ihm, daß auf der ganzen Straße nur ein einziger Mensch zu sehen sei. Als er das hörte, kam er, um sich selbst davon zu überzeugen, stützte sich auch auf das Geländer und sagte dann mit empörter Miene: »Was sagst du da? Ich sehe niemanden. Da ist nur eine Frau!« Ich war verblüfft, als ich hörte, was mein Verwandter da sagte. Und heute, neunzehn Jahre später, habe ich mein Erstaunen immer noch nicht überwunden.

Mangelnde Übung

Er war Chirurg. Er war Experte darin, seine Patienten zusammenzunähen, sowohl innerlich als auch äußerlich. Er konnte mit Seide, Nylon, Katgut oder jedem anderen Faden und mit gerader oder gebogener Nadel kleine oder große Schnitte in Magen, Darm, Muskeln oder Haut zusammennähen. Als ich seine Kunstfertigkeit sah, war ich unwillkürlich sehr beeindruckt. Doch wie erstaunt war ich, als ich sah, daß ebendieser Mann seine Frau rief, als er einen Knopf von seinem Hemd verloren hatte, ihr das Hemd reichte, damit sie den Knopf wieder annähen konnte, und sich dann hinsetzte und wartete, bis sie damit fertig war. Aber er nahm die Nadel nicht selbst in die Hand.

Ich fragte ihn, warum er den Knopf nicht selbst annähen würde, ich hätte gesehen, wie geschickt er als Chirurg im Nähen war.

Als der Arzt die Frage hörte, lief sein Gesicht rot an, so beleidigt war er. »Wollen Sie etwa sagen, daß ich einen Knopf an ein Hemd nähen soll?« fragte er.

Mit anderen Worten, er wollte wissen, wie ich andeuten könnte, daß er eine derart unbedeutende Aufgabe übernehmen solle; der bloße Vorschlag war schon eine Beleidigung. Ich erwiderte, ich glaubte, er könne sehr gut einen Knopf annähen oder einen Riß im Hemd flicken. Der Chirurg ereiferte sich: »Und wofür habe ich eine Frau im Haus?« Er war ein hochgebildeter Mann. Aber menschliche Haut zusammenzunähen war für ihn etwas völlig anderes als die erniedrigende Hausarbeit, Stoff zusammenzunähen. Das eine taten Männer, das andere taten Frauen. Seine Bildung baute sein Vorurteil nicht ab, sondern verstärkte es.

Im einen Fall war er stolz auf seine Geschicklichkeit im Umgang mit Nadel und Faden und im anderen beleidigt, weil ihm nahegelegt wurde, sein Können einzusetzen. Er war gekränkt, weil er im zweiten Fall der Meinung war, hier handle es sich um Frauenarbeit. Wenn er etwas hätte tun müssen, das als »Frauenarbeit« definiert war, hätte er sich erniedrigt gefühlt. Schließlich sind Frauen keine vollwertigen Menschen!

Die Ehegatten arbeiteten beide in einer Bank. Sie verdienten das gleiche Gehalt, gingen gemeinsam zur Arbeit und kamen zusammen nach Hause. Aber sobald sie zu Hause waren, streckte der Mann sich auf dem Bett aus oder machte einen Spaziergang, ging in seinen Klub und spielte Karten oder traf sich mit Freunden, während seine Frau in der Küche Geschirr spülte, den Reis aufsetzte, Gemüse schnitt, Gewürze zerstieß, ein Curry zubereitete und dann das Abendessen servierte. Wenn das geschehen war, wurde die Mahlzeit von zwei Menschen verzehrt, nicht bloß von einem. Auf dem Teller des Mannes lagen große Portionen Fisch und Fleisch. Was war der Grund dafür? Wirtschaftliche Macht? Nein, das konnte es nicht sein, denn beide verdienten gleich viel Geld, sie bekleideten die gleichen Positionen bei der Bank. Was konnte es dann sein?

Der Grund waren Vorurteile. Ganz gleich, welche Arbeit Mann und Frau verrichten, und sollte die Frau auch Ingenieurin und der Mann Straßenkehrer sein, ihr fällt die ermüdende Aufgabe zu, zu kochen und ihrem Mann liebevoll aufzutischen, und er muß die Aufgabe des Essens bewältigen. Einmal fragte ich ein Ehepaar, warum sie sich beim Kochen nicht die Arbeit teilen würden. Der Mann runzelte die Brauen und fragte: »In welcher Weise?«

»Sagen wir mal«, erwiderte ich, »Sie zerstoßen die Gewürze und Ihre Frau schneidet das Gemüse, Sie braten das Fleisch an, und Ihre Frau setzt den Reis auf – nur als Beispiel.«

Diese Kränkung ließ ihn erröten. »Jeder hat seine eigene Aufgabe«, sagte er.

Damit meinte er, Kochen sei Frauenarbeit. Männer sollten nicht kochen, selbst wenn sie es können.

Warum nicht?

Er beantwortete meine Frage nicht, denn er konnte seine Antwort nicht logisch begründen. Er konnte nur mit dem alten Vorurteil argumentieren, daß Kochen Frauenarbeit sei. Selbst wenn Männer außer Haus als Köche und Schneider arbeiten, ist das Kochen und Nähen zu Hause Frauenarbeit. Draußen können Männer als Reinigungskräfte arbeiten, aber im Haus arbeiten Frauen ohne Bezahlung als Köchinnen, Putzfrauen und Schneiderinnen. Bezahlte Arbeit ist Männerarbeit, und unbezahlte Arbeit ist Frauenarbeit. Wofür brauchen Frauen Geld? Schließlich werden sie doch von den Männern ernährt und gekleidet, ganz ähnlich wie Vögel in Gefangenschaft von ihren Besitzern gefüttert und versorgt werden. Wachsame Männer sind stets auf der Hut, um die Frauen, die sie als Haustiere halten, daran zu hindern, Unabhängigkeit zu erlangen.

—✱—

Es heißt, daß die grundlegenden Probleme der Frauen nicht dadurch gelöst würden, daß die Frauen sich weigern, die Namen ihrer Väter oder Ehemänner anzunehmen. Statt dessen sollte das Grundproblem diskutiert werden. Weil ihnen bewußt ist, daß die Religion zu einem Mangel an Achtung vor Frauen geführt hat, argumentieren viele, daß die Befreiung der Frau ohne die ökonomische Befreiung nicht möglich sei, und wenn ich über die ökonomische Befreiung schreibe, sagen sie, daß Frauen erst wahrhaft frei sind, wenn sie sexuelle Freiheit besitzen. Es hat keinen Sinn, über andere Themen zu schreiben: Wenn ich gegen das patriarchalische System protestiere, wird mir nahegelegt, daß es sinnlos sei, nach Unabhängigkeit zu rufen, solange Frauen nicht von der Religion befreit seien. Die Anhänger des Sozialismus sagen: »Es ist doch Zeitverschwendung, daß Sie das alles schreiben. Bevor wir den Kapitalismus nicht ausgerottet haben, werden Frauen nie als Menschen gelten.«

Jeder meint, wenn nur diese eine Veränderung eintreten würde, dann würde alles andere automatisch folgen. Aber ich bin der Meinung, daß jede Art von Ungerechtigkeit oder Ungleichheit bekämpft werden muß, sei sie nun groß oder klein, keine ist zu geringfügig. Weil sie alle eine Rolle spielen, müssen wir weiterhin protestieren, bis das Problem gelöst ist, wir müssen gegen alle Formen der Ungleichheit protestieren, sowohl gegen schwerwiegende als auch gegen weniger bedeutsame. Es ist nicht allein meine Aufgabe, dagegen Protest zu erheben. Alle, von der Textilarbeiterin bis hin zur Premierministerin, sollten sich beteiligen.

Früher einmal wurden die Füße chinesischer Frauen in Bandagen gezwängt. Als Folge davon blieben die Füße dieser Chinesinnen winzig klein. Genauso haben die Frauen viele Jahre lang um Körper und Geist Ketten getragen, so daß sogar ihr Verstand einrostete. Neuartige Gedanken finden in rostige Hirne keinen Eingang, und Worte des Protestes erst recht nicht. Wie Vögel im Käfig wegen mangelnder Übung die Fähigkeit verlieren, ihre Schwingen zu gebrauchen, so ging den Frauen wegen fehlender Übung die Sprache des Protests verloren. Wir, deren Stimmen nicht zum Verstummen gebracht wurden, sollten aus voller Kehle rufen, so laut, daß unser Ruf die Ohren der schlafenden Frauen erreicht.

Jede Frau heute ist eine Nurjahan

Wenn wir sagen, daß die Bewohner des Dorfes Chatakchara Nurjahan steinigten, wird man dagegenhalten, das seien nicht die Leute aus Chatakchara gewesen, sondern der Mullah Mannan. Also gut. Aber wo waren die guten Menschen aus Chatakchara, als Nurjahan auf Befehl des Mullahs Mannan gesteinigt wurde? Sie hatten seine Fatwa vernommen, sie hatten das Loch vor Ismaels Haus gegraben; sie stellten Nurjahan in das Loch und steinigten sie oder standen dabei und sahen schweigend zu. Warum steckten sie nicht den Mullah in das Loch? Weil die Schuld nicht allein den Mullah trifft, sondern auch alle anderen Bewohner des Dorfes Chatakchara. Es ist mir ein Rätsel, warum die Leute den Charakter von Personen wie dem Mullah Mannan immer noch nicht durchschaut haben. Ich sehe keinen Unterschied zwischen Menschen, die Fatwas Folge leisten, die von Leuten wie ihm verkündet werden, und dem Mullah Mannan selbst. Wenn sie nicht die Stärke aufbrachten, den Mullah zurückzuhalten, dann ist nicht nur der Mullah schuld an dem Unrecht, sondern auch alle die, die ihn nicht aufhalten konnten.

Viele Menschen waren über den Vorfall schockiert

und fragten sich, wie heutzutage jemand zum Tod durch Steinigung verurteilt werden kann. Mich überrascht so etwas nicht. Ich erwidere: »Eine Frau, die gesteinigt wird, das ist etwas Außergewöhnliches. Doch Frauen werden dauernd gesteinigt – bloß sind die Steine unsichtbar. Weil man die Steine nicht sehen kann, erscheinen in den Zeitungen keine Artikel darüber.« Frauen müssen gesteinigt werden – so schreibt es das Gesetz des Islam, die Scharia, als Strafe für Ehebruch vor. Wenn die Hälfte der Gesetze der Scharia im gesamten Land gelten, wer kann sich dann beklagen, wenn man im Dorf Chatakchara auch alle anderen anwendet? Die Zahl derer, die sich gegen Ungerechtigkeit wenden, wächst von Tag zu Tag. Aber vor den Fundamentalisten senken die Menschen die Köpfe, beugen die Knie und schließen den Mund.

Der Mullah wollte sein Vergnügen an Nurjahan haben. Weil sie sich ihm verwehrte, fand ein barbarischer Mord statt. Mullahs begehren Frauen wie Nurjahan und vernichten sie. Zum Teil ist diese Vernichtung sichtbar, zum Teil nicht. Jene unsichtbaren Steine, die Frauen Stück für Stück dem Tod näherbringen, sind furchterregender, mörderischer. Nur Frauen haben darunter zu leiden. Sie leiden unter dem Terror der Gesellschaft, sie allein müssen ihr Gift schlucken.

Ich habe an anderer Stelle geschrieben, daß wilde Tiere nicht so gefährlich sind wie Männer. Männer haben verschiedene Fatwas verkündet, um Frauen zu bestrafen, und wenn sie sehen, welche Schmerzen sie den Frauen zugefügt haben, sind sie mit sich zufrieden. Tiere richten ihre Artgenossen nicht so schlimm zu, wie Männer Frauen verletzen. Im Leben der Tiere gibt es keine Zivilisation: Trotzdem finden wir im Tierreich nicht die Grausamkeit, die Bestialität und die Gewalt, die uns Menschen charakterisieren. Mullah Mannan wird nicht bestraft werden. Niemand wird den Spieß umdrehen und ihn mit Steinen bewerfen; er wird weiterhin unsere Gesellschaft zieren. Irgendwann wird er das Verlangen nach weiteren Nurjahans verspüren, und wenn es ihm nicht gelingt, sie zu steinigen, wird er etwas anderes finden, um nach ihnen zu werfen. Leute wie er sitzen auf den weichen Polstern der Gesellschaft und werfen weiterhin die Steine der Vernachlässigung, der Verachtung, der Ungerechtigkeit, der Tyrannei und der unbeschreiblichen Unterdrükkung. Manche Frauen sterben; andere bleiben am Leben, keuchend vor Verzweiflung.

Wenn Nurjahan am Leben geblieben wäre, hätte sie dann mehr Glück gehabt? Ein Mann hatte sich von ihr scheiden lassen, der nächste hätte es vielleicht genauso gemacht, und jeder Ehemann hätte sie treten und schlagen können. Die Oberhäupter unserer Gesellschaft verkürzten ihre Leidenszeit, indem sie sie eines Tages umbrachten.

Jede von uns Frauen ist eine Nurjahan. Die Löcher wurden für uns gegraben, die Fatwas treffen uns: die, die besagt, daß wir in unseren Häusern und Wohnungen bleiben müssen; die, die besagt, daß wir hinter unseren Schleiern zu bleiben haben; die, daß wir von Geburt an einen männlichen Vormund brauchen; die, daß wir nach der Hochzeit der Vermundschaft eines Ehemannes übergeben werden und ihm unseren Körper und unser Herz zum Vergnügen überlassen, und wenn wir geschieden werden, kleidet und ernährt man uns und hält uns am Leben, damit wir einem neuen Ehemann zum Vergnügen übergeben werden können. Es gibt keine Regelungen zur Förderung unserer Ausbildung, unserer finanziellen Unabhängigkeit, unserer Gesundheit oder unseres Selbstbewußtseins. Das alles hat keine Bedeutung.

In den Netzen der durch diese Fatwas verkündeten Gesetze und Bräuche gefangen, werden Frauen zum Vergnügen der Männer blind und taub gehalten. Das ist eine alte Geschichte. Hunderttausende von Mullahs in diesem Lande haben Millionen von Nurjahans umgebracht. Hin und wieder erscheint eine derartige Nachricht in den Zeitungen; aber wenn wir statt dessen die Rede eines Politikers in der Zeitung lesen oder wenn von einer Präsidentenwahl oder den anschließenden Feierlichkeiten berichtet wird, heißt das nicht, daß in dem Moment keine Nurjahans sterben, denn auch dann erwürgt irgendwo in unserem Land irgendein Mullah eine Frau, erhängt sie, vergiftet sie, steinigt sie oder schneidet ihr die Kehle durch. Die Frauen, die glauben, sie würden nicht in gleicher Weise unterdrückt wie Nurjahan, irren sich sehr. Wenn sie eines Tages erwachen, werden sie feststellen, daß auch sie große Gemeinsamkeiten mit Nurjahan haben. Dann, so hoffe ich, ist die Zeit gekommen, daß sie protestieren und sich wehren.

Nurjahan

Sie stellten Nurjahan in eine Grube im Hof,
da steht sie, eingegraben bis zur Taille, mit hängendem Kopf.
Sie werfen Steine auf Nurjahan,
diese Steine treffen auch meinen Körper.

Steine schlagen auf meinen Kopf, meine Stirn, meine Brust, meinen Rücken,
sie werfen Steine und lachen laut, lachen und beschimpfen Nurjahan grölend.
Aus ihrer zersplitterten Stirn quillt Blut, aus meiner auch.
Nurjahans Augen sind aufgeplatzt, meine auch.
Nurjahans Nase wurde zerschlagen, meine auch.
Durch Nurjahans aufgerissene Brust wurde ihr Herz durchstoßen, meins auch.
Treffen diese Steine dich nicht?

Sie lachen laut, lachen und streichen sich über die Bärte,
auf ihren Köpfen kleben tupis, *auch die schütteln sich vor Lachen.*
Sie lachen und schwingen ihre Spazierstöcke;
aus den Köchern ihrer grausamen Augen schießen Pfeile und durchbohren Nurjahans Körper,
meinen Körper auch.
Durchbohren diese Pfeile deinen Körper nicht?

Fälle und Unglücksfälle

Um die Geburt zu erleichtern, wird manchmal bei der Gebärenden ein Dammschnitt vorgenommen, so daß die Scheidenöffnung größer wird, denn sonst besteht die Gefahr, daß die Scheidenwand bis zum Rektum aufreißt. Ärzte wissen um die Notwendigkeit dieser Operation. Durch die Vergrößerung der Scheidenöffnung werden Komplikationen bei der Geburt vermieden, und der Schnitt wird anschließend zugenäht, und sieben Tag später hat der Körper die Fäden absorbiert. Eigentlich sollte niemand gegen diese Maßnahme Einspruch erheben. Aber die Ehemänner der operierten Frauen protestieren. Warum? Sie weigern sich, ihre Frauen mit nach Hause zu nehmen, wenn ihre Geschlechtsorgane zusammengenäht wurden.

—✱—

In den entwickelten Ländern erfreut sich der Kaiserschnitt wachsender Beliebtheit. Für eine Frau, die nicht acht oder zehn Kinder zur Welt bringen muß, ist diese Operation vernünftig und ungefährlich. Sie befreit die Frau von der Angst vor den potentiellen Gefahren beim Gebären und schützt so weit wie möglich ihre Gesundheit. Doch die Mehrzahl der Männer lehnt diese Operation, die für Frauen so nützlich ist, ab. Männer verlieren das Interesse, wenn sie sehen, daß der Unterbauch ihrer Frau nicht völlig glatt ist. Ein Frauenkörper sollte glatt und weich sein. Wenn sie Operationsnarben darauf sehen, fühlten sie sich angewidert. Sie rümpfen die Nase und sagen: »Ich nehme keine Frau mit nach Hause, der der Bauch aufgeschnitten wurde.«

—✱—

Stellen wir uns einmal vor, daß wegen eines Tumors oder wegen unnatürlicher Blutungen die Gebärmutter operativ entfernt werden muß. Das Leben einer Frau ist wichtiger als ihr Uterus. Jeder vernünftige Mensch mit gesundem Menschenverstand zögert nicht im geringsten, den Uterus zu opfern, um das Leben der Frau zu retten. Aber auch wenn alle anderen dazu bereit sein mögen, Ehemänner sind es nicht. Vielleicht hat der Uterus gar keine Funktion mehr. Man muß Söhne haben, um die Familie zu erhalten, doch die Söhne sind bereits geboren. »Aber das finde ich komisch«, sagen die Ehemänner, »ist sie denn ohne Gebärmutter noch eine richtige Frau? Sie kommt mir vor wie ein Krüppel, wie eine Invalidin.« Ist eine Frau noch eine Frau, wenn sie keinen Uterus mehr hat? Häufig verläßt der *swamidebata*, die »Ehemann-Gottheit«, die Frau, noch bevor sie sich von der Operation erholt hat, weil sie keine Gebärmutter mehr hat.

—✱—

Bei Brustkrebs ist es richtig, die kanzeröse Brust zu amputieren. Aber wenn eine Frau auf diese Weise eine Brust verliert, scheint ihr Ehemann betroffener zu sein als sie selbst. Eine Männerhand juckt es selbst noch nach dem Vergnügen, eine kranke Brust zu kneten. Vor Kummer über den Verlust werden die Männer so gefühllos, daß ihre Liebe zu der Frau, deren Brust amputiert wurde, verfliegt. Ohne jede Scheu verkünden sie: »Ich habe schließlich sexuelle Bedürfnisse. Wie kann ich mit einer verstümmelten Frau zusammenleben?«

—✱—

In manchen Fällen beobachtet man bei schwangeren Frauen, daß ihre Beine anschwellen und ihr Blutdruck steigt. Wenn sie keine richtige medizinische Betreuung erhalten, können sie furchtbare Krämpfe bekommen. Dieses Leiden wird als Eklampsie bezeichnet. Es kann nicht nur den Tod des ungeborenen Kindes, sondern auch den der werdenden Mutter zur Folge haben. Eklampsie wird allein durch die Nachlässigkeit des Ehemannes und der angeheirateten Verwandten verursacht, denn sie sorgen oft nicht dafür, daß die Frau rechtzeitig medizinisch betreut wird.

Man glaubt, dieses Leiden rührte daher, daß die Frau von einem Dschinn oder von bösen Geistern besessen sei, und bringt die Kranke daher dazu, diese zu beschwichtigen, indem sie mit unbedecktem Kopf in ein Bambuswäldchen geht. Man versucht, die Eklampsie zu heilen, indem man das Opfer, die angeblich Besessene, mit Amuletten, Zaubermitteln und besprochenem Trinkwasser »behandelt«. Wird die Frau zu diesem Zeitpunkt zu einem Arzt gebracht, leitet der die Geburt ein, und sie wird von der Schwelle des Todes zurückgeholt. Einige Frauen erleiden durch die schweren Krämpfe Gehirnschäden. Ob das nun der Fall ist oder nicht, der Ehemann fragt sich, warum so etwas nicht anderen schwangeren Frauen zustößt, sondern gerade seiner. Warum nur? Er ist der Meinung, daß die Krämpfe Gottes Strafe für eine Sünde sind, die die Frau begangen hat, und fühlt sich verpflichtet, sie zu verstoßen.

—✱—

Die Stunde der Geburt ist da. Der Ehemann läßt eine Hebamme rufen. Sie erscheint und erzwingt dann mit ihren gewalttätigen Hilfeleistungen die verfrühte Geburt des Kindes. Die Kontraktionen der Gebärmutter sorgen für eine normale Geburt – aber das können Ehemann und Hebamme nicht abwarten. Dem Kind geht es nach der Geburt gut, aber der von der Hebamme erzwungene Geburtsprozeß hat dazu geführt, daß der Uterus der Gebärenden aus der Vulva heraustrat. Wenn die junge Mutter nun geht oder hustet, tritt die Gebärmutter erneut vor. Die Frau leidet sehr unter diesen Beschwerden. Der Ehemann ist zunehmend gereizt über dieses Leiden seiner Frau, weil er sie nicht mehr zu seinem Vergnügen benutzen kann. Die Hebamme handelte nach seinen Anweisungen, und der Uterusvorfall war eine Folge ihrer Hilfeleistungen. Aber der Mann übernimmt keinerlei Verantwortung dafür. Sein Sexualleben ist für ihn kein Genuß mehr, er trifft also die schwerwiegende Entscheidung und spricht die Scheidungsformel aus, um sich von seiner Frau, die ihm jetzt zuwider ist, zu befreien.

Die sechs Fälle, von denen ich hier berichte, haben sich nicht nur in unseren Dörfern, sondern auch und in törichten und unwissenden sogenannten »gebildeten« Familien der urbanen Gesellschaft zugetragen. Die moderne Naturwissenschaft wird zwar eingesetzt, um den menschlichen Körper gesund zu erhalten, aber die Mentalität der Ehemänner läßt immer noch nicht zu, daß sie das akzeptieren. Die Frauen haben unter den Folgen dieser geistigen Schwäche zu leiden. Täglich sterben Frauen, weil ihre Ehemänner falsche Entscheidungen getroffen haben – und sie selber haben nicht das Recht, selbst zu entscheiden, sie dürfen nur die von ihren Männern gefällten Entscheidungen annehmen. Selbst wenn die Frauen die Folgen dieser Entscheidungen überleben, sind sie als Resultat oft krank oder verstümmelt und werden dann von ihren Männern verlassen. Wenn eine Frau arm ist, muß sie dann notgedrungen bei ihren Verwandten oder in einem Bordell Zuflucht suchen oder betteln gehen. Da es für Frauen sehr schwierig ist, Arbeit zu finden, verschlechtert sich ihre Lage sehr schnell.

Wer ist dafür verantwortlich? Nur die Männer? Eigentlich nicht. Der Grund liegt in der politischen und wirtschaftlichen Isolation der Frauen. Wir haben uns immer noch nicht die Möglichkeit verschafft, in allen Gesellschaftsschichten Ausbildung, gute medizinische Betreuung und Bewußtsein zu bekommen. Hier in diesem Land schreitet die Religion schneller voran als die Wissenschaft. Das Schlechte breitet sich weiter aus als das Gute. Das Land ist vom Schlechten überzogen, und es scheint dumm zu sein, mittendrin auf das Gute zu hoffen.

Das Gift der Religion

Ein Mädchen namens Kusum hilft mir bei der Hausarbeit. Kusum ist dreizehn oder vierzehn. Anderswo hat sie eine Reihe von Gewohnheiten angenommen, die sie bei mir beibehält. In den letzten Monaten habe ich bemerkt, daß sie, wenn aus den Lautsprechern draußen der Ruf zum Gebet ertönt, alles stehen und liegen läßt, zu ihren rituellen Waschungen ins Bad läuft und sich dann in der Küche in eine Ecke setzt und mit tiefster Inbrunst betet. Niemand ist in der Lage, Kusum zu solchen Zeiten zu irgendeiner anderen Tätigkeit zu bewegen, und während sie betet, verbrennt alles, was gerade im Ofen steht, zu Asche. Geräusche, Gerüche, Rauch und andere Sinneseindrücke ignoriert Kusum vollständig, während sie die Hände zu Allahs Thron erhebt.

Eines Tages fragte ich sie, ob sie die Verse der Suren kenne, die sie fünfmal am Tag betete.

Kusum schüttelte den Kopf und sagte, sie kenne zwei davon.

»Welche?«

»*Alhamadulillah* und *kulahuallah.*«

»Kennst du die Bedeutung dieser Suren? Ich meine, weißt du, was sie bedeuten?«

Über diese Frage war Kusum erstaunt, denn sie hörte zum erstenmal, daß die Suren etwas bedeuten sollten. Plötzlich hatte sie Angst, runzelte die Augenbrauen, und ein unhöflicher Ausdruck entschlüpfte ihren Lippen. Dann wurde sie gereizt und sagte: »Was sagen Sie da, Suren sollen eine Bedeutung haben? Suren sind einfach Suren.«

»Natürlich sind Suren einfach Suren. Aber was bedeuten sie?«

Dann fragte ich sie, warum sie die Gebete sprach.

Sie gab mir eine klare, einfache Antwort: »Für's Paradies.«

»Warum? Was gibt es im Paradies?«

Kusum saß mit ausgestreckten Beinen auf dem Fußboden und sagte voller Begeisterung: »Im Paradies kriegt man Fischleber zu essen.«

»Ißt du so gern Fischleber? Na gut, morgen kaufe ich welche auf dem Markt.«

Kusum stand auf und sagte im Brustton der Überzeugung: »Die Fischlebern dieser Welt sind bitter; die im Paradies sind süß.«

Daraufhin blieb mir nichts mehr zu sagen. In Glaubensfragen ist Kusum unbeirrbar. Weil sie danach verlangt, süße Fischleber zu essen, betet sie fünfmal am Tag, und niemand kann sie davon abhalten.

—✱—

Heute machte ein Anblick mich sprachlos – der Anblick von Scharen junger Menschen, die zur Moschee liefen. Ich hatte noch nie so viele Kinder und junge Leute zu einer Moschee gehen sehen. Unter ihnen waren die Arbeitslosen und die Alten, sie gingen in hölzernen Sandalen oder stützten sich schwerfällig auf Stöcke. Die Reichen fahren in letzter Zeit mit ihrem Mercedes zu den Freitagsgebeten in die Moschee. Die Mehrzahl dieser reichen Gläubigen sind Schmuggler, unlautere Geschäftsleute, Lügner und Wüstlinge. Sie waren in ihren frisch gewaschenen weißen *pyjamas* und *panjabis*, den weiten Hosen und den langen Hemden, auf dem Weg zur Moschee. Auch kleine Diebe waren unterwegs. Wenn sie die Moschee verlassen, ziehen sie ein Paar Schuhe an, das ihnen nicht gehört, und gehen darin nach Hause. Und Leute aus der Mittelschicht waren da, gebildete, kultivierte junge Leute, Teenager, alte Männer. Und alle beteten darum, ins Paradies zu kommen.

Die Mehrheit der alten Männer mit ihren müden Körpern war aus Angst vor der Strafe im Grab grau im Gesicht, und sie krampften die Zehen fest zusammen, als sie darüber nachsannen, welches Schicksal sie wohl erwartete, wenn sie beim Jüngsten Gericht die *Pulserat*, die Brücke zum Heil, überquerten. Sie waren besessen von dem Bemühen, dafür zu sorgen, daß das Zünglein an der Waage beim Jüngsten Gericht zu ihren Gunsten ausschlagen würde, so daß man sie ins Paradies einlassen würde. Über sie mache ich mir keine Gedanken; sie haben bereits getan, was sie in dieser Welt zu tun hatten. Aber diese intelligenten, kräftigen jungen Männer? Junge Leute, die durchaus arbeiten können? Warum glitzerte diese Gier in ihren Augen, diese Faszination für das Übernatürliche? Ich habe einen Grund dafür entdeckt: Frustration. Frustration und nochmals Frustration – was wir auf bengalisch *nairasya* nennen. Sie sind von Frustrationen umgeben, in der Politik, in der Wirtschaft, überall. Die schlechte Politik in allen Bereichen der Gesellschaft, die Verwirrung überall in der Gesellschaft, der Sumpf der Arbeitslosigkeit überall – zahllose unschuldige Jugendliche stecken in diesem Morast fest, die Begabungen einer gesamten Generation unseres Landes. Manche werden kriminell oder wenden sich Rauschmitteln zu, andere gehen zur Moschee. Der tiefere Grund dafür ist Frustration. Diese jungen Leute sind zu Aufrichtigkeit, Idealismus und logischem Denken erzogen worden, aber sie finden nirgends einen Platz, um diese Qualitäten einzusetzen. Wo sie sich auch hinwenden, stoßen sie auf Unwahres und Krankes, auf die Macht und die Gewalt des Reichtums. Daher führen ihre zögernden Füße diese jungen Leute, die unter ständiger Frustration leiden, in die Vernichtung. Manche sehnen sich nach dem Paradies, weil sie hoffen, dort süße Fischleber oder Geflügel oder Obst essen zu können, andere hoffen auf Wein, wieder andere auf Huris oder darauf, im Paradies den Skorpionen und den Schlangen, dem kochenden Wasser und den anderen Qualen der Hölle zu entgehen. Da nichts in der diesseitigen Welt diesen jungen Männern Hoffnung geben kann, haben sie keine andere Wahl, als der Hoffnung auf Wein und Fleisch im Jenseits hinterherzujagen. Das ist nicht ihre Schuld; es ist die Schuld unserer bösen, gierigen und dummen Politiker, es ist die Schuld der schwachen Infrastruktur dieses trägen Landes, die Schuld dieses Gesellschaftssystems.

Der Mißbrauch von Drogen nimmt zu. Außerdem nimmt die Tendenz zu, sich der Hoffnung auf Befreiung von seinen Frustrationen zu überlassen – was nichts weiter als die höchste Frustration zur Folge hat. Von ihren Träumen von Huris, Wein und Fleisch und Fischleber und vom Gift der Drogen werden die Menschen erst befreit, wenn diese Gesellschaft oder dieses Land in einen lebenswerten Ort für sie verwandelt wird. Und es ist unsere Pflicht, diesen lebenswerten Ort zu schaffen – die Pflicht derjenigen von uns, die mit Drogen oder Religion noch nicht in Berührung gekommen sind.

Diverse

Ich kenne eine ganze Reihe von Frauen, bei denen das Rauchen zur Sucht geworden ist. Frauen sehen sich in dieser Gesellschaft vor großen Schwierigkeiten, wenn sie süchtig nach Zigaretten sind. Ihre Schuldgefühle sind so groß, daß ich staune. Unter dem Druck des Verlangens nach einer Zigarette gehen sie auf die Damentoilette, wo sie rauchen dürfen, waschen sich dann das Gesicht und kommen heraus, um anderen wieder gegenüberzutreten. Sie können weder ihr schlechtes Gewissen loswerden noch das Rauchen aufgeben. Wenn ich sie sehe, wundere ich mich sehr. Kein Mann muß sich verstecken, wenn er eine Zigarette raucht, aber Frauen werden eingeschlossen, Frauen sind von einer Mauer aus Verboten umgeben. Warum darf eine Frau nicht außerhalb des Hauses oder im Freien oder auf der Straße rauchen, wenn ihr danach ist? Beide Geschlechter rauchen, und es gibt kein Gesetz, daß die Freiheit zu rauchen allein den Männern vorbehält. Ich bin mir durchaus darüber im klaren, daß Rauchen gefährlich ist, aber ich bin der Meinung, daß jeder Frau, die rauchen möchte, das Rauchen gestattet sein sollte, und daß sie sich nicht schämen oder fürchten sollte, wenn sie raucht. Frauen sollten nicht

Toiletten oder andere geschlossene Räume benutzen müssen, um darin zu rauchen; sie sollten sich nicht gezwungen fühlen, sich zu verstecken. Sie sollten tun, wonach ihnen der Sinn steht, und dabei mit stolz erhobenen Köpfen aufrecht stehen. Sie sollten sich nirgends beugen müssen, sie sollten von keiner der korrupten Vorschriften der Gesellschaft besiegt werden.

—✱—

Frauen haben eine Gebärmutter. Da die Gebärmutter der Frau gehört, liegt die endgültige Entscheidung darüber, ob sie ein Kind austrägt oder eine Abtreibung vornimmt, bei ihr. Es kann nicht hingenommen werden, daß irgend jemand anders, irgendein Mann oder die Gesellschaft oder der Staat, das Recht hat, über eine Gebärmutter zu bestimmen. Solange Frauen nicht frei darüber entscheiden können, ob sie abtreiben wollen oder nicht, wird man sie zweifellos weiter als »von Männern beherrschte Fleischklumpen« bezeichnen. Täglich finden in diesem Land unter der Bezeichnung »M. R.« (Menstruationsregulierung) Abtreibungen statt. Unverheiratete Frauen gehen in Kliniken, um Abtreibungen durchführen zu lassen. Vor den Kliniken stehen lange Schlangen, und die Frauen geben an, sie seien verheiratet, und stellen ihre Liebhaber oder Freunde als Ehemänner vor. Warum müssen sie sich in die Lüge flüchten? Warum gibt dieses Land Frauen nicht die Freiheit, die Wahrheit zu sagen? Warum werden zahllose unverheiratete Frauen und Opfer von Vergewaltigungen zum Lügen gezwungen? So viele falsche Namen und Wohnsitze werden in die Anmeldungsbücher eingetragen! Wer eine Gebärmutter hat, hat auch das Recht auf Abtreibung. Wenn die Gesellschaft dieses Recht einführen würde, würden die Frauen größere Unabhängigkeit genießen und wären von den Komplikationen befreit, die die unnötigen Lügen mit sich bringen.

Wenn eine Frau die Auslandsvermittlung anruft, um ein Telefongespräch ins Ausland anzumelden, fragt die Dame bei der Vermittlung sie nach ihrer Telefonnummer. Wenn die Frau ihre Nummer angegeben hat, kommt die Frage: »Mit wem spreche ich?« Wenn die Antwort Shamima oder Nasima, Khaleda oder Namita, Rokeya oder ein anderer Frauenname ist, fragt die Dame bei der Vermittlung: »Fräulein oder Frau?«

Die Frau in der Vermittlungszentrale ist erst zufrieden, wenn sie weiß, ob die Anruferin ein Fräulein oder eine Frau ist. Das liegt daran, daß die Namen der Anrufenden aufgeschrieben werden müssen, und vor dem Namen muß eine Anrede stehen.

Die Anrede Frau sollte sowohl bei verheirateten als auch bei unverheirateten Frauen verwendet werden, genauso wie »Herr« für verheiratete wie für unverheiratete Männer gilt, denn wenn eine Frau ein Auslandsgespräch anmeldet, ist es in keiner Weise nötig, daß ihr Familienstand bekannt ist.

Wenn man bei der Vorstellung einer Frau immer ihren Familienstand angibt, ist es nur natürlich, daß der Eindruck entsteht, die Ehe sei etwas sehr Wichtiges für Frauen. Wo liegt der Sinn darin, die Bedeutung der Ehe auf diese Weise zu betonen? So werden die Fähigkeiten einer Frau, ihre Intelligenz und ihre Talente neben dem destruktiven Opfer, bekannt als Ehe, bedeutungslos.

Das heißt nicht, daß ich der Meinung bin, die Ehe sei völlig wertlos. Die Ehe hat durchaus ihren Nutzen. Aber ich bin sehr dagegen, daß man den Familienstand einer Frau als wichtigste Information über sie ansieht, wenn sie vorgestellt wird. Ich bin überzeugt, daß jede Frau, abgesehen von den unwissenden, dagegen ist, daß man ihr diese Krone namens Ehe aufsetzt.

—✷—

Im Parlament sitzen einige »Schmuckstücke«, das sind Frauen, die von Männern bestimmt, aber nicht gewählt wurden. Besteht irgendeine Notwendigkeit, daß sie da sitzen? Ich glaube nicht. Ich glaube nicht, daß sie irgend etwas tun, außer daß sie dem Parlament als Dekoration dienen.

Dieses Land fühlt sich für die Bildung der Frauen nicht verantwortlich. Dieses Land hindert Frauen daran, das zu erben, was rechtmäßig ihnen gehört, und es hindert sie daran, wie Menschen zu leben. Dieses Land mißachtet Menschenrechte, das Recht der Frau auf Arbeit, auf politische Tätigkeit, auf einen Platz an der

Spitze der Gesellschaft; statt dessen dekoriert sich das Parlament mit diesen Schmuckstücken, die man als Frauen bezeichnet. Bei diesem Stand der Dinge ist es völlig klar, daß die Regierung nicht will, daß Frauen irgendwelche Fortschritte machen. Wenn man Geschichtsbücher liest, stellt man fest, daß Frauen in verschiedenen Ländern zu verschiedenen Zeiten Kriegerinnen waren. Sie zogen hoch zu Roß auf die Schlachtfelder. Jetzt geht der Gedanke, daß sie an einer Schlacht teilnehmen könnten, einfach über unser Vorstellungsvermögen, es ist nicht einmal möglich, daß sie eine echte Chance erhalten, sich als Kandidatin in einer Wahl aufstellen zu lassen. Die Gesellschaft hält Frauen in den Käfigen ihrer Häuser und Wohnungen gefangen. Wenn Frauen ohne Gegenkandidaten Sitze im Parlament gewinnen und sich wie Schmuckstücke benehmen dürfen und wie diese völlig verhüllt sind, dann ist das nur eine weitere Art, sie zu beleidigen, neben den üblicheren Arten, nämlich sie zu schlagen, zu ohrfeigen, auszupeitschen und zu strangulieren.

Die dreißig Alibifrauen, die im Parlament sitzen, sollten nicht das Recht haben, andere Frauen zu beleidigen. Sie sollten nicht das Recht haben, sie vor der ganzen Welt zu Waren und komischen Figuren zu machen.

Sitten und Gebräuche

In unserer Gesellschaft wird ein empörender Brauch gepflegt. Man nennt ihn Polygamie, und er ist wirklich verabscheuungswürdig. »Warum«, fragte ich einmal einen studierten Soziologen, »haben Männer das Recht auf Polygamie, Frauen aber nicht?« Selbstbewußt antwortete er: »In der Natur – ob wir nun von Menschen sprechen oder von Tieren – stellen wir fest, daß die männlichen Partner nach mehreren Ehen verlangen. Das gilt mit Sicherheit für wildlebende Tiere, aber nehmen wir einmal Haustiere als Beispiel. Bestimmt hat jeder schon bemerkt, daß es für eine ganze Herde von Kühen nur einen Bullen und für eine Reihe von Ziegen nur einen Ziegenbock zum Decken gibt. Genauso reicht ein Hahn für eine Schar von Hennen. Wenn dieser eine Hahn nicht will, dann kommt ein anderer, der sich für die Hennen unter seinem Schutz interessiert. Mit anderen Worten, Männer sind darauf erpicht, eine Reihe von Frauen zu haben, genauso wie männliche Tiere und Vögel eine Reihe von Partnerinnen haben wollen – das ist ein sehr weitverbreitetes natürliches Phänomen.«

Es ist tatsächlich ein recht weitverbreitetes Phänomen. Aber es erscheint mir trotzdem recht merkwürdig.

Wenn Männer nach Argumenten für die Vielweiberei suchen, vergleichen sie sich bedenkenlos mit Stieren, Ziegenböcken, Widdern oder Hähnen.

—✱—

Eine weitere, häufig zu beobachtende Sitte in diesem Land wird »Brautbesichtigung«, *kone dekha*, genannt, und sie ist nicht nur in diesem Land, sondern auch in vielen anderen Ländern der Erde zu finden. Wenn Männer sich jener unter dem Namen Ehe bekannten Institution bedienen wollen, die ihnen gestattet, sich mit Frauen zu vergnügen, ist es Brauch, daß sie das Lustobjekt erst von allen Seiten inspizieren – das ist die »Brautbesichtigung«. Eine Hochzeit findet zwischen einer Braut und einem Bräutigam statt. Der Bräutigam möchte die Braut sehen, das heißt, er möchte sehen, ob ihm das Lustobjekt gefällt. Nirgends jedoch ist etwas wie die Besichtigung des Bräutigams Sitte. Die Braut zieht nicht mit einer Abordnung los, um einen zukünftigen Ehemann zu mustern. Sie geht nicht hin, um sich Nase, Ohren, Haar, Augen, Brust, Bauch oder Füße des Bräutigams anzusehen oder sich von seiner Kochkunst und seinen Fertigkeiten im Servieren des Essens, im Singen oder Tanzen oder Nähen zu überzeugen. Sie fragt nicht nach seiner Ausbildung, seinem Job, seiner Persönlichkeit oder seinem Charakter. Und der Grund dafür ist derselbe – es ist nicht Sitte.

Die Vertreter des Bräutigams kommen ins Elternhaus der Braut und studieren ihr Aussehen, ihre Größe und ihren Umfang, sehen sich an, ob ihre Zähne schief oder gerade sind, ob sie eine Adler- oder eine Stupsnase hat, sie inspizieren ihre Augen und ihre Sehfähigkeit, lösen ihren Haarknoten und schütteln ihr Haar auf, um zu sehen, wie lang, dick, dunkel und glatt es ist. Sie ziehen ihr die Schuhe aus und prüfen den Bau ihrer Füße, und dann sagen sie ihr, sie solle ihre Füße anfeuchten und über den Fußboden gehen, damit sie sehen können, ob ihre Fußabdrücke schief sind. Sie lassen sie gehen, sprechen, lesen, schreiben und kochen, um zu sehen, ob sie sowohl für den Geist des Mannes als auch für seinen Körper ausreichend Nahrung liefern kann.

Wenn den Vertretern des Bräutigams das, was sie sehen, gefällt, verhandeln sie über das *denmohar*, das Geld, das der Ehemann im Fall einer Scheidung bezahlen muß, und kaufen die Braut. Dabei ist sie doch ein Mensch, nicht eine Gurke, ein Blumenkohl oder Spinat, die man auf dem Markt kauft.

Die Vertreter des Bräutigams stecken der jungen Frau einen Ring an den kleinen Finger. Er zeigt an, daß ihr Gesicht, ihre Brust, ihr Hintern und ihre Muskeln jetzt für diesen Bräutigam reserviert sind und daß niemand anders sie erwerben kann. Wenn nach langem Feilschen die Höhe des *denmohar* festgelegt ist, wird die Braut »heimgeführt«. Der Vertrag über das *denmohar* enthält für den Bräutigam eine Rücktrittsklausel, die besagt, daß die Ware zurückgegeben werden kann, wenn der Käufer keine Verwendung mehr dafür hat. Solange die Braut durch diesen Vertrag gebunden ist,

ist sie den Launen, Marotten, Vorlieben, Abneigungen, Wünschen und der Willkür ihres Käufers unterworfen.

Der Brauch der Brautbesichtigung ist nicht neu. Man findet ihn im Koran und in den Hadithen. Die Hadithe besagen sogar, daß die Sexualorgane einer Frau besichtigt werden sollten, weil dort das »wahre Vergnügen« verborgen liegt. Dort findet man auch die Anzeichen für Jungfräulichkeit oder Unreinheit. Weil das für das männliche Sexualorgan nicht gilt, hat man nichts davon, wenn man es besichtigt. Und selbst wenn Spuren großer sexueller Beanspruchung darauf zu erkennen wären, könnte eine Braut ihren Zukünftigen dann tadeln? Nein, denn bei Männern ist das kein Fehler. Die »gottgesandten« Männer sind unbefleckt, gut und rein; auf ihren saubergewaschenen Körpern ist kein Fleckchen Schmutz zu finden.

Die Sitte der Brautbesichtigung findet man auch in zivilisierten Ländern noch vor. Um so mehr erstaunt es mich, daß gebildete Frauen dabei mitspielen und die Braut einkleiden. Während sie darauf warten, die Kuh für das Opfer zu verkaufen, hängen sie ihr einen bunten Kranz um den Hals. Doch eine Opferkuh hat anscheinend mehr Charakter als ein junges Mädchen. Sie stößt den Käufer sogar mit den Hörnern, wenn sich die Gelegenheit bietet, und versucht vielleicht, ihm ein paar Tritte zu versetzen. Eine Frau jedoch bleibt mit geschlossenem Mund und gesenkten Augen auf ihrem Platz stehen. Sie gehört dem Bräutigam, an den sie vergeben wird. Was sie selbst möchte oder nicht möchte ist unwichtig. Männer bestimmen über alle ihre Wünsche.

—✱—

Noch eine Sitte herrscht in diesem Land: die Zahlung einer Mitgift. Die Verwandten der Braut übergeben sie an den Bräutigam. Sie ist zwar gesetzlich verboten, aber es gibt keine Möglichkeit, sie zu verhindern, weil nämlich die Braut, wenn sie auf die Forderungen des Bräutigams nicht eingeht, als alte Jungfer sterben wird. Auch wenn es für das junge Mädchen kein Verlust ist, ledig zu bleiben, so ist es doch ein großer Verlust für die Gesellschaft. Die Familie der Braut ist aber keineswegs daran interessiert, eine Mitgift zu geben. Einer armen Familie gelingt es vielleicht, ihre Tochter mit Hilfe eines Mitgift-Vertrages zu verheiraten, aber wenn die Vertragsbedingungen nicht peinlich genau bis ins letzte erfüllt werden, dann schlachten die Männer die Braut wie eine Opferkuh. Weil Männer nach einem Radio, einem Fahrrad oder einer Uhr gieren, hängen sie Frauen auf, verbrennen sie lebendig und erwürgen sie. Das sind Tatsachen. Was man auch sagen mag, wir müssen zugeben, daß das Leben einer Frau nicht mehr wert ist als ein Radio, ein Fahrrad oder eine Uhr. Selbst wenn wir täglich von hundert ermordeten Bräuten in den Zeitungen lesen, bleiben wir gleichgültig; die Erkenntnis trifft uns nicht wie ein Peitschenhieb.

Stellen Sie sich vor, es wäre Ihre Mutter oder Ihre Schwester

Wenn Männer sich auf der Straße, in Bussen oder in Zügen Frauen gegenüber ungehörig benehmen, kommen Umstehende oft den Frauen zu Hilfe. Normalerweise kritisieren sie die Männer, indem sie ihnen weise moralische Ratschläge geben oder sie mit den Worten tadeln: »Haben Sie denn keine Mutter oder keine Schwester?« Ich habe mich in den vergangenen Tagen gefragt, warum wohlmeinende Menschen unter diesen Umständen Mütter und Schwestern zur Sprache bringen. Es ist mir ein Rätsel, warum in Situationen, in denen Männer Frauen bedrängen, weibliche Verwandte erwähnt werden. Das geschieht nicht nur bei diesen beiläufigen Ermahnungen auf der Straße. Selbst unsere Intellektuellen schlagen vor, daß man eine Frau als Mutter, Tochter oder Schwester ansehen solle. Meine Frage ist: Warum sollten Frauen in diesem Licht betrachtet werden? Das sind doch Verwandtschaftsbezeichnungen. Warum muß eine Frau in eine bestimmte Beziehung zu anderen gesetzt werden, damit ihr Respekt erwiesen wird? Haben Frauen nicht das Recht, auch von Männern respektiert zu werden, die keine Mütter oder Schwestern haben? Warum sollte es für Frauen vorteilhafter sein, sich als Mutter, Schwester oder Tochter eines Mannes vorzustellen?

Eine Frau ist von Kopf bis Fuß ein Mensch und verdient als solcher unbedingt Achtung. Es heißt, wenn eine Frau die Mutter oder die Schwester eines Mannes ist, wird er sie nicht respektlos behandeln; und selbst wenn die Frau nicht mit dem Mann verwandt ist, sollte er zumindest im Sinn behalten, daß er eine Frau, die seinen weiblichen Verwandten gleicht, nicht bedrängen oder entehren darf; statt dessen sollte er Respekt für sie empfinden. Männer haben normalerweise tatsächlich Mitgefühl mit ihren Müttern und Schwestern, und es herrscht die Meinung, daß Männer für alle anderen Frauen die gleichen Gefühle haben sollten. In diesem Zusammenhang taucht die Frage auf: Hat ein Mann, der weder Mutter noch Schwester noch Tochter hat, das Recht, eine Frau zu beleidigen? Ist in diesem Fall die Belästigung entschuldbar?

Einmal stand ein junger Mann kichernd auf der Straße, nachdem er das Kopftuch einer Frau gepackt hatte. Eine Menschenmenge versammelte sich, und mehrere Zuschauer fragten den jungen Mann, ob er denn keine Mutter oder Schwester habe. »Ich habe eine Mutter und eine Schwester«, gab er zur Antwort, »aber ich habe keine Frau.« Was er sagte, gab mir zu denken. Wenn Frauen nach ihren Verwandtschaftsbeziehungen zu Männern beurteilt werden, warum gilt das dann nicht auch für Ehefrauen? Wie eine Mutter, eine Schwester oder eine Tochter, so hat auch die Ehefrau eine bestimmte Beziehung zu einem Mann. Wenn es um die Frage der verwandtschaftlichen Beziehungen geht, warum schließt man dann nicht auch die Ehefrau ein? Die Männer sehen in manchen Frauen ihre Mutter, in anderen ihre Schwester und in wieder anderen ihre Ehefrau. Immer wenn sich einem Mann auf der Straße die Gelegenheit dazu bietet, wird er eine Frau, die er als seine Gattin ansieht, knuffen, sie streicheln und befummeln, als wäre sie seine Ehefrau.

Es ist beleidigend für Frauen, nur respektiert zu werden, weil man sie mit Müttern, Schwestern oder Töchtern gleichsetzt. Die Frau sollte aufgrund ihrer eigenen Persönlichkeit geachtet werden, nicht aber, weil sie irgendeiner Verwandten des Mannes ähnelt. Warum sollte das nicht möglich sein? Hat eine Frau denn kein Recht auf Menschenwürde?

Häufig hört man den Spruch: »Alle Frauen sind Mütter.« Frauen sollten also respektiert werden, weil sie Mütter sind. Das heißt jedoch nicht, daß sie mit wirklicher Achtung behandelt werden. Die Argumentation sieht etwa so aus: »Man darf Frauen nicht treten oder mit Besenstielen verprügeln, weil sie Schweres durchmachen, wenn sie gebären.« Hier kommt die Würde der Mutterschaft allerdings nicht Müttern von Töchtern zu, sondern nur Müttern von männlichen Kindern.

Es gibt viele Argumente dafür, daß man Frauen Respekt erweisen soll, aber Argumente für Respektbezeugungen Männern gegenüber sind anscheinend nicht nötig. Man braucht sein Gehirn nicht mit der Vorstellung zu belasten, daß »alle Männer Väter sind« oder daß man sie als Väter und Brüder und so weiter betrachten sollte. Derartige Argumente werden nicht gebraucht, weil Frauen auch ganz ohne Argumente oder ähnliches Männer als Menschen respektieren. Sie gestehen Männern die Menschenwürde zu.

Frauen werden nur dann Würde erlangen, wenn man sie aufgrund ihrer eigenen Identität als Menschen ansieht und nicht nur unter der Tarnkappe ihrer verwandtschaftlichen Beziehungen zu Männern. Ist eine Frau es nicht wert, daß man ihr auf der Grundlage ihrer Identität als Mensch die Menschenwürde zuerkennt, ganz ohne daß man ihre Beziehung zu Männern berücksichtigt? Es sind nicht nur die Analphabeten, die die Rechte der Frauen beschneiden wollen, sondern auch die Gebildeten. Frauen sollten sich mehr vor den hinterhältigen und falschen Progressiven in acht nehmen als vor den Reaktionären. Sie sollten bei klugen Männern vorsichtiger sein als bei dummen, denn erstere sind es, die Frauen allmählich in das Gewand verschiedener familiärer Beziehungen stecken, so daß die Identität einer Frau außerhalb dieser Kategorien nicht wahrgenommen wird. In dieser Falle gefangen, des Gedächtnisses und der Intelligenz beraubt, werden Frauen zu Teigklumpen, die man ganz nach Bedarf in die verschiedenen Formen von Mutter oder Schwestern zurechtkneten kann.

Eine Frau ist ein Mensch ... das soll die erste und einzige Quelle ihrer Identität sein.

In Erwartung des Tages

Drei Arbeiterinnen sitzen im Schatten eines Baumes und verzehren ihr Mittagessen. Sobald sie aufgegessen haben, werden sie wieder an die Arbeit gehen müssen. Sie kommen um acht Uhr morgens zur Arbeit und gehen um sechs Uhr abends wieder nach Hause. Sie verschleiern ihre Gesichter nicht und beten nicht fünfmal am Tag, wie gute Musliminnen das tun sollten. Sie fasten auch nicht während des Ramadan. Das alles unterlassen sie, weil sie arbeiten müssen, sie müssen auf den Köpfen Zement und Sand zu den Maurern tragen. Hart arbeitende Menschen können sich Müßiggang oder religiöse Praktiken nicht leisten. Die Frauen verdienen 35 Taka am Tag. Mit diesem Geld kaufen sie Reis und Linsen, um ihre behinderten oder müßiggehenden Männer und ihre Kinder zu ernähren, die mit vollen Bäuchen einschlafen, während ihre Mütter, immer noch halb verhungert, Vorbereitungen treffen, um am nächsten Tag wieder arbeiten gehen zu können.

Das ist der Lauf der Welt. Wenn man als Mensch geboren wird, übernimmt keine übernatürliche Macht die Verantwortung dafür, einen mit Nahrung und Kleidung zu versorgen. Man muß sich etwas einfallen lassen, um sich beides selbst zu verschaffen. In notleidenden Gesellschaften der Dritten Welt gibt es Frauen, die müßig zu Hause sitzen, ihre Wohnungen schmücken und ihre Ehemänner zufriedenstellen, indem sie sich ihrer Faulheit hingeben, wofür sie Nahrung und Kleidung erhalten. Wenn ich dagegen Frauen antreffe, die sich im Schweiße ihres Angesichts ihren Lebensunterhalt selbst verdienen und dabei in glühender Sonne braten und vom Monsunregen durchnäßt werden, möchte ich mich respektvoll vor ihnen verneigen. Und auch wenn niemand anders dazu bereit ist, ich bin es.

Aber wenn ich zu ihnen gehe, um ihnen meinen Respekt zu bezeugen, schmerzt mich die Szene, die ich mitansehen muß. Dieses System der Ungleichheit zerbricht mir das Herz. Männliche Arbeiter verrichten die gleiche Arbeit, aber sie genießen mehr Freiheit und machen häufig Pausen, um *bidis*, grobe, handgedrehte Zigaretten, zu rauchen; trotzdem bekommen sie mehr als die 35 Takas, die Frauen verdienen. Die Arbeiterinnen sind darüber nicht empört, denn sie sind gewöhnt, diese Diskriminierung hinzunehmen. Sie sind von Geburt an daran gewöhnt. Eine Frau muß ihrem gelähmten Mann das Essen in den Mund löffeln und sich dann seine Beleidigungen anhören. Man kann nicht erwarten, daß Frauen, die so etwas täglich zu erdulden haben, gegen die Tatsache protestieren, daß sie nur 35 Taka pro Tag bekommen, während Männer 50 Taka erhalten. Sie sind die Verliererinnen, weil sie für mehr Arbeit weniger Geld bekommen. Genauso ertragen sie schweigend die Tritte und Schläge ihrer Männer.

Nicht nur Frauen, die ausschachten, Steine klopfen und Lasten schleppen, werden schlechter bezahlt als Männer, die die gleiche Arbeit verrichten. Arbeiterinnen in der Bekleidungsindustrie bekommen ebenfalls weniger Geld als ihre männlichen Kollegen. Eine Frau, die zweihundert Kleidungsstücke zusammennäht, bekommt 900 Taka, während ein Mann für nur neunzig Kleidungsstücke 1200 Taka bekommt. Was kann der Grund für diese Diskriminierung sein? Widmen männliche Arbeiter ihrer Arbeit mehr Zeit? Arbeiten sie mehr oder ist ihre Arbeit qualitativ besser? Wenn keine dieser Fragen bejaht werden kann, dann muß man wohl annehmen, daß das »männliche Organ« in der Gesellschaft den höchsten Wert hat. Weil sie diese Organe besitzen, bekommen Arbeiter für die gleiche oder sogar für weniger Leistung mehr Geld als Arbeiterinnen. Seit uralten Zeiten verehren Männer ihr Geschlechtsorgan. Sie können diese Angewohnheit nicht aufgeben und halten sie deswegen mit zahlreichen Tricks aufrecht, zum Beispiel mit ungleichem Lohn. Auch das ist eine Art der Verehrung.

Frauen sind ihr Leben lang Opfer der Unterdrükkung, und infolgedessen vergessen sie alles Elend, wenn sie Haus und Herd verlassen und außer Haus Geld verdienen. Sie lachen aus ganzem Herzen. Sie wissen, daß sie betrogen werden und daß ihnen versagt wird, was rechtmäßig ihnen gehört. Trotzdem sagen sie kein Wort, so als wäre es verboten, sich dazu zu äußern. Sie haben Angst, daß sie, wenn sie etwas sagen, am Nacken gepackt und in die *andar mahal*, die Räume der Frauen, geschleift werden und dort dann eines Tages an Unterernährung sterben. Daher halten sie den Mund und denken nicht einmal an Protest.

Wie lange wird es diese widerwärtige Praxis noch geben? Wie lange werden die hinterlistigen Männer in dieser Gesellschaft Frauen noch arbeiten lassen, ohne sie gerecht zu bezahlen? Schöne Worte hören wir in Hülle und Fülle. Politiker in eleganten Kleidern sprechen von ihren Rednerpulten herab schöne Worte. In den Zeitungen und im Radio und im Fernsehen wird viel Schönes verkündet. Sie sprechen darüber, wie man für das Volk Gutes tun kann, wie man die Entwicklung des Landes fördern kann, über all die Themen, über die die Intellektuellen sich die Köpfe zerbrechen. Aber vor aller Augen bezahlt man Arbeiterinnen 35 Taka, während die männlichen Kollegen 50 Taka bekommen. Trotzdem wird nirgends über dieses Problem gesprochen. Entweder ist es kein Problem, oder es soll nicht als Problem betrachtet werden, weil es ausschließlich Frauen betrifft. Die Probleme der Frauen werden in dieser Gesellschaft nicht als Probleme angesehen. Man nimmt an, daß Frauen, weil sie ja so geduldig sind wie die Erde, alles ertragen können.

Aber diese Annahme ist falsch. Viele Frauen nehmen Gift, hängen sich auf oder übergießen sich mit Benzin und zünden sich an, wenn sie ihr Leiden nicht mehr ertragen können. Es ist nicht ausgeschlossen, daß eine Frau, der ihr Leiden unerträglich wird, eines Tages etwas anderes in Brand steckt – die Wurzel der Diskriminierung nämlich. Was wird dann geschehen?

Erst dann wird diese Diskriminierung enden. Die Pulverhaufen, die sich in den Herzen von Tausenden von Frauen angesammelt haben, brauchen nur einen Funken, um zu explodieren. Es ist kurz vor zwölf, und die Frauen, die noch schlafen, werden von den Flammen ihrer Wut und ihres Elends geweckt werden. Ich warte auf den Tag, an dem die Frauen die Diskriminierung nicht mehr zulassen. Ich warte auf den Tag, an dem sie bis auf den letzten Rest das bekommen, was ihnen zusteht. Sie werden keine Gesetzeslücke und keinen Betrug zulassen. Leserin, ist dieser Tag noch lange hin?

Lohn für Hausfrauen?

Zur Zeit wird viel darüber diskutiert, ob man Hausfrauen Lohn zahlen sollte. Manche Hausfrauen haben die Höhe der Entlohnung, die sie für ihre Hausarbeit bekommen, selbst festgelegt. Mit anderen Worten, sie bekommen ein monatliches Gehalt, genauso wie Dienstmädchen.

Viele Leute machen sich ein Vergnügen daraus, Frauen zu verspotten. Da dieses Land sich kein anderes Mittel zur Erheiterung seiner Bewohner leisten kann, müssen Frauen dafür herhalten, um dieses Bedürfnis zu befriedigen.

So können sich Männer über folgende Dinge die Köpfe heißreden: Ist eine Hausfrau als Lohnempfängerin bei ihrem Mann angestellt? Muß sie dafür bezahlt werden, daß sie Essen kocht, Kleider wäscht, das Haus putzt, die Kinder betreut und ihrem Mann Gesellschaft leistet? Was wird die Hausfrau mit dem Geld anfangen, das sie bekommt? Welche Ausgaben könnte sie denn haben, wenn man einmal von Hemden für ihren Mann, Saris für sich selbst, Spielzeug für die Kinder, Dingen zur Verschönerung ihres Heims und Currypulver zum Kochen absieht? Ein Mensch, der im Käfig gehalten wird, schmückt ihn aus.

Wenn eine Frau Geld von ihrem Mann bekommt, wird sie es dann wagen, es für etwas anderes als die notwendigen Ausgaben für den Käfig, also den Haushalt, zu verwenden? Sicherlich nicht. Denn wenn ein Mann seiner angestellten Ehefrau ein Gehalt zahlt, wird er bestimmt verlangen, daß sie ihre Ausgaben einzeln aufführt, damit er sehen kann, für was sie ihr Geld ausgibt. Ehemänner sind nicht so großzügig, daß sie nicht beleidigt wären, wenn ihre Frauen ihren Eltern oder Geschwistern Geld schenken würden. Sie wären beleidigt, weil sie den Eindruck hätten, daß sich ihre Frauen stärker mit der Familie ihres Vaters als mit der ihres Schwiegervaters verbunden fühlen. Wenn die Frau hingegen das Geld verschleudert, indem sie mit ihren Freundinnen herumzieht, werden die Leute behaupten, sie sei sehr eingebildet, Familie und Haushalt wären ihr gleichgültig, sie sei kapriziös, böse, moralisch verdorben und so weiter und so fort. Man wird die Frau als egoistisch bezeichnen, wenn sie das Geld nur für sich selbst ausgibt, und als geizig, wenn sie versucht, alles zu sparen. Es gibt keinen Ausweg für sie.

Welchen Sinn hat es, einer Frau Geld in die Hand zu geben, wenn das mit der Erwartung verbunden ist, daß sie dieses Gehalt für den Haushalt ausgibt? In diesem Fall hat ein Dienstmädchen größere Freiheiten. Sie wird nicht gefragt, wofür sie ihren Lohn ausgibt. Niemand erhebt Einspruch, wenn sie ihr Geld verschwendet. Der Ehefrau hingegen bliebe nichts erspart, wenn sie auch nur einen Teil ihres Geldes verschwenden würde. Man würde sie fragen, warum sie es vergeudet hätte und warum sie dies und nicht jenes mit dem Geld gemacht hätte. Das heißt, daß sie eine gewisse Freiheit bekommt, daß dann aber ein Kreis um sie herum gezogen wird, den sie nicht verlassen darf. Sie bekommt Geld, wird aber darauf hingewiesen, daß sie das Geld in bestimmter Weise ausgeben muß. Es ist wie mit dem Bakschisch, dem Geld, das kleine Jungen und Mädchen zu festlichen Gelegenheit erhalten. Die Kinder werden gezwungen, das Geld unter Aufsicht ihrer Eltern auszugeben. Sie dürfen sich zum Beispiel kein Eis kaufen, keine Flöte und kein *tarabati*, Feuerwerk. Man erlaubt ihnen jedoch, das Geld für Schuhe oder Kleidung auszugeben. Die Kinder erhalten das Geld eigentlich nur zu ihrer geistigen Befriedigung; sie sind außer sich vor Freude darüber, daß sie Geld in die Hände bekommen. Tatsächlich bleibt das Geld nicht in ihren Händen, doch allein die Berührung macht sie glücklich. Es ist etwa so, als würde man die Spieler einer siegreichen Mannschaft den goldenen Siegerkelch berühren lassen und ihn dann gleich wieder fortnehmen. Und schließlich schadet es nicht, wenn man Kinder Geld berühren läßt und es ihnen gleich wieder fortnimmt.

Hände, Füße, Lippen und Gehirne der Hausfrau sind angekettet. Was kann sie, die an so vielen Ketten hängt, mit Geld anfangen? Niemand erlaubt ihr, die Vorschriften, die sie fesseln, zu übertreten, oder aus ihren vier Wänden herauszugehen. Was hat ein Mensch, der eine lebenslängliche Gefängnisstrafe verbüßt, von einem großen Geldbetrag? Das Geld, das eine Hausfrau erhält, ist in Wirklichkeit nicht ihr eigenes Geld. Sie hat doch nicht das Recht, es auszugeben, wie sie gern möchte. Sie hat sich noch nicht das Recht verschafft, sich so zu bewegen, so zu sprechen, so zu laufen, wie es ihr gefällt. Sie hat nicht die Möglichkeit, eigensinnig zu sein. Eigensinnig zu sein bedeutet, daß man das tut, wonach einem der Sinn steht – was zur Zeit unmöglich ist. Und wenn es dazu nicht kommt, werden die Frauen kein Selbstvertrauen gewinnen; wenn sie nicht frei werden, bleiben sie Sklavinnen, auch wenn man sie noch so gut mit Reis und Milch füttert, während man sie in Ketten hält. Wenn man den Ochsen am Rad einer Ölmühle mit Öl massiert, bleibt er trotzdem ein Ochse mit verbundenen Augen, der endlos im Kreis geht, den Mühlstein dreht und das Öl aus den Senfsamen preßt.

Frauen sind aber keine Ochsen, und sie sind auch keine Papageien, die als liebe Gefangene gehätschelt werden.

Ein Ehemann sollte ein Freund sein und weder Herr noch Besitzer. Seine Frau ist nicht seine bezahlte Angestellte. Eine Frau muß gebildet sein, sie muß Selbstvertrauen haben; sie muß in allen Lebensbereichen Freiheit erlangen, so daß ihr Zuhause ein Ort gegenseitiger Liebe und gegenseitigen Vertrauens wird. Die Ehegatten müssen das, was die Familie braucht, zusammen erarbeiten. Eine Familie, in der eine Person einer anderen Pflichten auferlegt, ist keine richtige Familie.

Schmarotzer

Nahrung, Kleidung und Wohnung – diese drei nennt man zusammen, weil ein Mensch vor allen anderen diese drei Dinge braucht. Nahrung allein reicht nicht aus. Auch Nahrung und Unterkunft allein reichen nicht. Ein zivilisierter Mensch benötigt auch Kleidung. Manche Menschen in diesem Land behaupten von sich, sie seien zivilisiert, obwohl sich vor ihren Türen nackte Kinder drängen. Sie behaupten ohne das leiseste Zögern, sie seien zivilisiert, obwohl vor ihren Augen auf dem Bürgersteig obdachlose Menschen schlafen. Während sie sich die Mägen mit allen möglichen Speisen füllen, stöhnt neben ihnen vielleicht ein abgemagertes junges Mädchen vor Hunger. Soll ich diese jämmerlichen Personen als zivilisiert bezeichnen? Wenn man zusieht, wie sie ganz allein ihr Essen hinunterschlingen, fühlt man sich an primitive Wilde erinnert. Ich betrachte diejenigen, die ganz allein essen, sich gut kleiden und Häuser bauen, während sie von Massen hungriger, nackter und obdachloser Menschen umgeben sind, als die unzivilisiertesten Personen in diesem Land.

In diesem Land der Muslime war es früher nicht üblich, Frauen Lesen und Schreiben beizubringen. Ihre ganze Bildung bestand darin, daß man sie das arabische Alphabet lehrte, damit sie den Koran lesen konnten, auch wenn sie kein Wort verstanden. Seitdem sind Jahrzehnte vergangen. Wir sind jetzt an einem Punkt angelangt, von wo aus es keine Rückkehr gibt. Frauen lernen jetzt neben den frommen Sätzen des Koran Bengali, Mathematik und Englisch. Aber was nützt diese Bildung, wenn die Frau dazu bestimmt ist, in einer Küche zu verrotten? Was nützt sie, wenn die Frau sich nur Hindernissen und Widerständen gegenübersieht, wenn sie versucht, das Gelernte in der Praxis anzuwenden? Braucht sie nicht ungeheuren Mut und Riesenkräfte, um diese Hindernisse alle zu überwinden? Was sie gelernt hat, wird vergeudet, und alle Versuche, sich selbst weiterzubilden, sind sinnlos, wenn es ihr Schicksal ist, schließlich doch auf die Nase zu fallen. Hier und in anderen Städten nehmen junge Frauen jetzt Arbeit an, nachdem sie ihre Ausbildung beendet haben. Sie bekommen jeden Monat ein Gehalt. Aber trotzdem werden sie letztendlich gezwungen, ihre Arbeit aufzugeben. Angenommen, eine Frau bekommt Arbeit an einem Ort, wo sie keine Verwandten hat, bei denen sie wohnen kann. Muß sie deswegen die Stelle ablehnen? Muß sie notgedrungen untätig zu Hause sitzen und darauf warten, daß ein Bräutigam sie zur Frau nimmt und ihr eine Arbeit als Köchin anbietet? Manche Frauen denken sehr ernsthaft darüber nach, sich selbst zu ernähren, weil sie den Wert ihrer Ausbildung schätzen und voller Selbstbewußtsein sind, doch sie müssen dieses Vorhaben aufgeben, einfach weil es keine Unterbringungsmöglichkeiten für sie gibt.

Einige Maßnahmen zur Abstellung dieses Mißstandes sind bereits getroffen worden. An der Baily-Straße gibt es jetzt ein Wohnheim für berufstätige Frauen. Niemand darf jedoch länger als drei Jahre dort wohnen, mit der Begründung, daß Plätze für neue Frauen bereitgestellt werden müssen. Ist es unbedingt notwendig, daß man die alten Mieterinnen hinauswirft, damit Platz für neue geschaffen wird? Ist denn keine andere Regelung möglich? Können nicht weitere Wohnheime gebaut werden? Wohin geht eine Frau, wenn ihre drei Jahre im Wohnheim um sind? Die Leiter der Wohnheime ermutigen die jungen Frauen, die dort wohnen, die Ehe als Ziel ins Auge zu fassen. Sie wollen, daß unverheiratete Frauen, während sie einer Arbeit nachgehen, Vorkehrungen für die Heirat treffen und daß geschiedene Frauen wieder heiraten, solange sie noch jung sind. Immer wieder werden die Frauen daran erinnert, daß die Unterkunft im Wohnheim zeitlich begrenzt ist. Aber warum? Wenn eine junge Frau kein anderes Ziel hat, als weiter im Wohnheim zu wohnen, wenn ihr die Vorstellung, eine Ehe einzugehen, nicht behagt, wenn sie lieber nicht für andere kochen will, wenn sie ein unbeschwertes Leben führen möchte, wenn sie ihrer Familie oder ihren Geschwistern nicht zur Last fallen möchte, was dann? Hat sie kein Recht, ihre Träume zu verwirklichen? Hat sie kein Recht, unabhängig zu leben? Manche mögen sagen, in diesem Fall könnte sie doch ein Haus mieten. Dagegen hätte ich nichts einzuwenden, wenn die Vermieter sich nicht sträuben würden, einer Frau ein Haus zu vermieten. Wenn eine Frau allein kein Haus mieten könnte, wäre es kein Problem, wenn mehrere Frauen sich zusammentun könnten. Die Vermieter weigern sich jedoch ebenso häufig, Häuser an mehrere Frauen zu vermieten, unter dem Vorwand, daß es dann Probleme mit Männern geben wird. Eine Frau ist ein Wesen, das Probleme bereitet, egal ob Männer es zu fassen bekommen oder ob ihnen das nicht gelingt. Wenn Frauen als Bürger dieses Landes betrachtet werden (und auf dem Papier ist das der Fall), dann hat jede Frau das Recht, ohne Hilfe einer anderen Person ein Haus zu mieten. Männer leben in Wohngemeinschaften zusammen. Frauen dürfen das nicht.

Viele fähige junge Frauen müssen ihre Arbeit aufgeben und aus der Stadt fortziehen, weil sie keine Bleibe haben. Viele von ihnen leben arbeitslos in Dörfern (obwohl sie nicht als arbeitslos bezeichnet werden, so als könnten nur Männer wirklich arbeitslos sein). Manche haben sich vielleicht aus reiner Frustration für die Prostitution entschieden, und andere haben sich vielleicht einem unwürdigen Ehemann unterworfen, bloß um ein Dach über dem Kopf zu haben.

Unter diesen Bedingungen werden die Hoffnungen junger Frauen zunichte gemacht. Wer übernimmt die Verantwortung für diese Tragödie? Der Betrug in unserem System tritt hier deutlich zu Tage, denn der Staat, der diesen Frauen die Bildung ermöglicht hat, hat ihnen keine Arbeit beschafft, und die Gesellschaft, die ihnen Arbeit beschafft hat, stellt ihnen keinen Wohnraum zur Verfügung. Der Betrug tarnt sich als Anerkennung des Wertes der Frau; es ist, als würde man sagen: Ich werde dir das Sprechen beibringen, aber ich werde dir die Sprache nehmen. Ich werde dir die Ketten von den Füßen nehmen, aber ich werde deine Bewegungsfreiheit einschränken.

Die Zahl der Wohnheime für berufstätige Frauen sollte im ganzen Land erhöht werden. Es spielt keine Rolle, ob der Staat oder private Unternehmer dafür Sorge tragen. Vermieter sollten ohne Bedenken oder Zögern Häuser an Frauen vermieten. Kein Unternehmen in diesem Land sollte es sich leisten können zu sagen: »Wir stellen keine Frauen ein.«

Wenn Frauen in Abhängigkeit gehalten werden, dann kann man sie treten und schlagen. Um sich das Vergnügen, Frauen zu treten und zu schlagen, nicht entgehen zu lassen, wollen die, die in der Regierung und in der Gesellschaft die Fäden ziehen, keine Vorkehrungen treffen, die es Frauen ermöglichen würden, wie Menschen zu leben, sie wollen ihnen keinen Ort zugestehen, wo sie mit erhobenen Kopf gehen können, wo sie laut sprechen können, wo sie, wenn nötig, andere zurechtweisen können und wo sie sich zu wehren wissen, wenn jemand sie schlägt. Etwas muß geschehen. Die Unterdrücker nehmen uns die Luft zum Atmen. Eines Tages werden wir sie vertreiben.

Neeta

Die äußere Erscheinung eines Menschen zieht mich nicht an. Ich glaube, daß die Schönheit einer Frau in ihrer Persönlichkeit liegt. Trotzdem betrachte ich die junge Frau unentwegt. Sie ist groß. Ihre Haut ist so hell und weich, daß es aussieht, als würde sie von einer leichten Berührung einen blauen Fleck bekommen. Tiefschwarze Augen, ein herzförmiges Gesichtchen wie ein Betelblatt. Ihren Pferdeschwanz hat sie, nehme ich an, nicht heute gebunden, sondern gestern. Sie trägt einen blauen Baumwollsari. Mein schweigender, unverwandter Blick macht sie verlegen. Sie sagt: »Ich habe schon lange daran gedacht, zu Ihnen zu kommen.«

Ich bitte sie, Platz zu nehmen. Sie legt ihre Handtasche auf den Tisch. Sie sagt: »Ich muß Ihnen etwas sagen.« Jedesmal, wenn unsere Blicke sich begegnen, senkt sie die Augen. Da ich mir vorstelle, daß es ihr vielleicht schwerfällt, zu entscheiden, wo sie mit ihrer Geschichte beginnen soll, rede ich mit ihr über Belangloses, damit sie sich entspannen kann. Ich weiß, daß einige vertrauliche Fragen helfen, den Weg zum Herzen eines Menschen zu finden.

»Ich habe Sie noch gar nicht nach Ihrem Namen gefragt. Wie heißen Sie?«

»Neeta.«

»Wo haben Sie Ihre Kindheit verbracht?«

»In Netrakona.«

»Wie schön! Dann sind wir ja aus derselben Gegend. Ich komme aus Mymensingh. Haben Sie dort studiert?«

»Ja.«

»Wann haben Sie Ihre S.S.C. (Mittlere Reife) abgelegt?«

»Neunzehnhundertachtzig.«

Also ist die Frau fünfundzwanzig. Wieder ziehen ihr zerwühltes Haar und der verrutschte Sari meine Aufmerksamkeit auf sich. Das Thema Kindheit läßt den Geist eines Menschen empfänglich werden. Ich erzähle ihr von Netrakona, so wie ich diese Stadt einmal erlebt habe – die Schule, das College, den Presseklub, den Park, den Fluß und den Spielplatz. Allmählich kehrt die Frau in ihre Kindheit zurück. Vom Schoß der Eltern klettert sie in den Hof. Wir sprechen über den Spielplatz, den ich gesehen habe und auf dem Neeta ganze Abende lang *Golla Chut* (ein Kinderspiel) gespielt hat. Ich erzähle vom Fluß und von der Straße, durch die Neeta mit einem Band im Haar und einem Tuch um den Hals zur Schule ging. Jetzt ist Neeta in der Lage, mir beim Sprechen in die Augen zu sehen.

»Und dann?«

»Nach meiner Hochzeit bin ich nach Dhaka gekommen.«

»Wie lange sind Sie jetzt hier?«

»Fünf Jahre.«

»Was macht Ihr Mann?«

»Er ist bei der Regierung angestellt.«

Ich erkenne, daß sie keine finanziellen Schwierigkeiten hat. Was immer ihr Mann auch verdient und wieviel er seiner Frau davon auch geben mag, es kann kein Problem für sie sein, Nahrung und Kleidung zu bekommen. Ihr Problem liegt anderswo.

Plötzlich sagt die junge Frau: »Auf Wiedersehen! Ich komme ein andermal wieder.« Am nächsten Tag klopft es wieder an der Tür, Neeta ist da. Ich sehe, daß aus ihren Augen lange Zeit Tränen geflossen sind. Nachdem sie eine Viertelstunde geschwiegen hat, sagt sie: »Ich habe furchtbare Bauchschmerzen.«

»Wo?«

Sie zeigt mit der rechten Hand auf ihren Unterleib.

»Seit wann haben Sie diese Schmerzen?«

»Seit vielen Tagen.«

»Wann verspüren Sie die Schmerzen?«

»Nachts.«

»Und tagsüber haben Sie keine Schmerzen?«

»Doch, tagsüber auch.«

Ich bitte Neeta, sich auf die Liege zu legen. Ich drücke auf ihren Bauch. Ärzte sollten nicht glauben, was Patienten ihnen über Schmerzen erzählen, bis sie es nicht selbst nachgeprüft haben.

In Wirklichkeit hat Neeta keine Schmerzen im Bauch.

Ich frage: »Was haben Sie sonst noch für Beschwerden?«

Neeta sagt: »Nur die Schmerzen.«

Ich frage sie: »Können Sie schlafen?«

»Nein.«

Ich verschreibe ihr ein Schlafmittel. Neeta geht fort.

Am nächsten Tag erscheint sie wieder. Sie sagt, sie habe Bauchschmerzen. So kommt Neeta nun jeden Nachmittag und sagt, sie habe Schmerzen. Mir wird klar, daß Neeta keine Schmerzen im Körper hat, sondern irgendwo anders. Ich biete ihr Tee an. Ich rede mit ihr über Netrakona. Ich bin voller Mitleid, wenn ich Neetas trauriges Gesicht sehe. Ich spüre, daß sie mir etwas sagen möchte. Sie hat keine Schmerzen, trotzdem sagt sie jeden Tag, sie hätte welche, so daß sie nachts nicht schlafen könne. Es ist eine psychische Krankheit.

Neeta spricht und erscheint so, als gäbe es nichts, was ihr Freude machen würde. Während wir über ihre Kinderzeit reden, hängt sie einen Augenblick lang verträumt ihren Erinnerungen nach. Dann versinkt sie wieder in ihrer tiefen Traurigkeit. Ich frage sie: »Neeta, würden Sie mir bitte sagen, was Sie wirklich quält?«

»Bitte, befreien Sie mich von meinen Bauchschmerzen.«

»Nehmen Sie regelmäßig Ihre Medizin?«

»Ja.«

Auch an diesem Tag verrät Neeta ihr wahres Problem nicht. Sie enthüllt es mir am nächsten Tag.

»Einen Monat nach meiner Hochzeit wurde ich schwanger. Rafik sagte, unser Haushalt sei noch nicht fertig eingerichtet. Wir könnten uns nicht frei bewegen. Es wäre noch zu früh für Kinder. Ich habe sehr protestiert. Ich habe soviel Angst gehabt. Ich habe so geweint. Trotzdem hat Rafik mich mit Gewalt in die Klinik gebracht. Ich habe so geweint, aber Rafik hat nicht auf mich gehört. Er hat veranlaßt, daß sie in der

Klinik eine M. R. (Menstruationsregulierung) durchführen.«

Als Neeta das gesagt hat, beginnt sie zu weinen. Ich hindere sie nicht daran. Sie weint und weint. Warum sollte eine Frau wegen einer M. R. weinen? Ich finde das merkwürdig. Es fällt mir schwer, Neeta zu verstehen. Ich frage sie, was es da zu beklagen gäbe. Schließlich lassen viele Frauen Abtreibungen vornehmen.

»Ich hätte so gerne ein Kind.«

»Wo liegt da das Problem? Sie werden einfach wieder schwanger.«

»Nein, ich werde nie mehr schwanger.«

Neeta weint und sagt, das hätte der Arzt ihr mitgeteilt.

Mein Herz bebt. Neeta öffnet ihre Handtasche und reicht mir einige Untersuchungsbefunde. Sie hat alle möglichen Tests über sich ergehen lassen. Bei der M. R. hat es Komplikationen gegeben. In Neetas Gebärmutter kann kein Kind mehr wachsen.

Neeta weint untröstlich. Ich lasse meine Hände in ihren Händen. Mir ist selbst zum Weinen zumute. Ich habe selbst das Gefühl, ich müßte schlaflose Nächte verbringen.

Neeta weint. Seit vier Jahren weiß sie, daß sie kein Kind mehr bekommen kann. Ihr Mann hat sie sechs Monate lang getröstet. Er hat ihr gesagt, er würde sie mit ins Ausland nehmen und mit ihr berühmte Ärzte aufsuchen.

Jetzt redet ihr Mann nicht mehr davon. Ihre Schwiegermutter und ihre Schwägerin haben Mitleid mit ihm.

Sie haben andere Träume. Auch Neetas Mann möchte sich gern diesen Träumen hingeben.

Meine Hände sind naß von ihren Tränen. Neeta kommt jeden Tag zu mir, denn sie betrachtet mich als ihre Vertraute. Rafiks Verwandte beklagen sein Schicksal, daß er eine unfruchtbare Frau geheiratet hat. Sie sagen ihm, er solle eine zweite Ehe eingehen. Ich weiß, daß Neeta eines Tages kommen wird, um mir zu sagen, daß Rafik wieder geheiratet hat.

Diese schöne Frau ist von den Ufern des Magra gekommen, mit dem Traum von einem harmonischen Familienleben. Ich kann ihr keine Hoffnung machen, daß dieser Traum sich erfüllt.